U0014841

Knowledge BASE 系列

一冊通曉 從ON切換到OFF的人生學

圖解 **老莊思想** 更新版

曾珮琦 著　曾昭旭 審訂

解老莊大體OK就好

一、「亂世」之時，老莊思想往往興盛

老莊，或者說道家思想，向來被看作是衰世之書、亂世之音。那目前坊間有關老莊的出版品不但遠比儒家孔孟多，而且雜然紛陳、花樣繁多，是表示我們正處於衰亂之世嗎？依我看恐怕真的是如此。所謂的衰亂不一定就指烽火連天、生靈塗炭，更是指禮壞樂崩、人心無主。每逢此際，老莊或道家型思想都會應運而生，好幫助習慣依循體制運作的秩序過活、卻因體例崩壞而徬徨無措的人心，及早找回他的安定感。

怎麼找？當然不是向眾聲喧嘩、莫衷一是的外界找，而是往內在簡樸純淨、貞定恆常的本心找囉！而老莊之書正專門凸顯這種往內找的生命智慧，也正是現代的困惑人心最迫切需要的靈丹妙藥，因此解老解莊的著作不斷推陳出新，也就理所當然了！

二、來「大體OK」解老莊吧！

在眾多解說老莊的書中，珮琦所作的這本《圖解老莊思想》有什麼不同呢？我細讀一遍，覺得大體OK，也能弄出一些新花樣來，是值得向讀者推薦的。

咦！你不是只說大體OK嗎？（代表其實藏有許多瑕疵？）又說玩弄新花樣（這就更像貶辭了！），為什麼還值得推薦呢？請讀者先不要順著成見望文生義，不妨藉此先接受一點老莊思想的洗禮，須知老莊的言說，向來就是「正言若反」的呀！

先說大體OK罷！原來所謂大體，是指原始精神、根本原則（也就是老莊所說的「道」啦！），作者在本書的說解中，對老莊之道，把握是準確，詮釋也能自圓其說。例如點出老莊的政治哲學其實是針對統治者（而非客觀的體制運作）而言，就很要緊。本來說解老莊，根本只須準確

掌握大體就行，至於小節，真的不用太計較，以免捨本逐末，大違老莊反樸歸真的精神。

當然我不是說作者在枝節字句的解釋上不精到，事實上書中也時有妙解，例如解「正言若反」，作者就說這不只指語言表述方式，也隱含修養工夫的意涵，有返回心上做工夫以鬆開心知對相對價值標準的執著的意思，這樣才能將「正言」所表示的真價值意涵實踐出來。像這樣的別解就很精彩，但就算如此，也仍不必太放在心上，隨緣欣賞就好，重要的是借此有會於心，默識於道。因此，若在解釋上偶有誤差，就更不用計較了，例如「成乎心」和「成心」作者視為同義，恐有待商榷。但又何妨？本來依老莊的精神，凡有所解釋，即必生誤差，有限的語言，又那能盡「道」的奧祕？都只不過是偶得一指罷了！整全之意，本不可說而但憑體會，本不在書而在人心的自知，因此對老莊之道的種種說解，也不妨輕鬆視之可也！此之謂大體OK，或如陶淵明之好讀書而不求甚解。

回顧我過去數十年教老莊，最愛用大字白文本（也就是沒有注解的本子）當教科書，因為光原文就夠人參詳了，何須平添那麼多注解亂人心意？上課時也常建議學生莫忙著抄筆記，專心聽講、當下有悟比較重要，記下來的都是糟粕，聽完忘了最好，不懂的話下次再聽就是了！學老莊總該瀟灑些嘛！這也是大體OK之意。

三、用圖解重新欣賞老莊

交代過大體OK，再來說說玩新花樣，這在本書當然就是指圖解這部分。請問說老莊哲學用圖解好不好或有沒有必要呢？依我看這疑問根本不成立。因為依老莊的自由精神，所有說解都是不必要的（都只是隨緣），也難說好壞（齊物論嘛）。但玩些新花樣來說解真的毫無意義嗎？那又不

是，最主要的功能恐怕就是「解構」，用新鮮的方式、花樣來解老舊、已屬成見之構，好讓那活活潑潑、不可方物的「道」能透露出來。這不就是老莊的言說方式嗎？正所謂「謬悠之說、荒唐之言、無端之辭」（編按：指空虛飄渺的話、誇張的言論、沒有範圍限制的言辭，出自《莊子·天下》）呀！所以，隨你怎麼寫、玩什麼花樣，你這樣寫這樣解，我就相應地也這樣讀這樣欣賞就結了！這才是自由隨緣的讀老莊之方呀！

　　當然要小心的是當新花樣玩久了變成舊花樣，也會僵化成新結構新成見而有待解構。這也可以順便說明為什麼解說老莊（甚至延伸到儒家孔孟亦然）之書總須推陳出新。正因為生命之學本來是日新又新的聖之時者，或莊子所謂「卮言日出」（編按：指意至筆至、不帶成見的言論，是不斷在變化更新的，與「和以天倪」皆出自《莊子·寓言》），重要的是能當下「和以天倪」（編按：指與大自然契合），能真實藉此悟道。這不只要靠作者言說的生生不息，更要靠讀者一心的隨時自覺呢！

目錄 CONTENTS

第4章

老莊如何看待政治

老子政治哲學簡言之就是「自然無為」。統治者應有聖人虛靜無為的修養，節制私慾、不擾民，才是老子心目中自然無為的理想政治。

第 5 章 老莊如何面對生死大事

老莊認為生死是人生必然經歷的過程，是自然的現象。之所以會對死亡感到恐懼不安，是因為心知執著於生死的分別。

第 **8** 章
為什麼老莊對後世的影響那麼深遠？
兩千多年來，老莊思想對中國知識分子的影響並不亞於儒家思想，老莊的出世、灑脫，與儒家的入世、積極進取，生命情調各異，卻共同存於讀書人的內在。

第 1 章

老莊思想是什麼？
為什麼要懂呢？

一個思想流派的形成往往是為了解決當時的社會問題。雖然老莊思想的形成距離現在已有幾千年，其所欲解決的政治社會問題早已不復存在，然而老莊思想對整個人生的反省，並對此提出許多關於生命的問題，努力的在不完美的時代活得自由快樂，至今依然能讓我們從中獲得啟發，進而解決自己的人生問題。

中國哲學偏向內在心靈的探求

中西方都有探討精神層面的哲學，但兩者對哲學的闡述角度各有不同。西方哲學重視邏輯思考，多有系統性的論述；而中國哲學重視生命問題的探討，並多以散文的形式來呈現。

西方哲學與自然科學、宗教關係密切

中國哲學與西方哲學不同。這兩者不僅興起的歷史文化背景不同，其關懷的課題也不相同。

中國哲學著重在關懷人的生命與實踐，不重視邏輯思考，並多以散文的形式來論述。西方哲學則是源自於對自然的探索，非常重視邏輯思考，強調有系統的論述。

除此之外，由於西方哲學的興起與基督教關係密切，探討上帝是否存在、上帝與人的關係，因而成為西方哲學家的重要課題。而宗教在中國社會一向並非主流，神的議題對中國哲學家來說往往不是關注的焦點，而是更關心人，以及人所形成的種種現象。

中國哲學起源於亂世

中國哲學起自於先秦的春秋戰國時期，春秋戰國動亂紛擾不斷，為了解決當時的社會亂象，於是有孔孟老莊等諸子百家的興起。

根據牟宗三的看法，認為先秦諸子的產生，是因為當時出現「周文疲弊」的問題。「周文」指的是周公所制定的一套典章制度，原本中國以這套禮法制度維繫著穩定的社會秩序，社會秩序非常穩定，但隨著地方諸侯漸漸不遵守這套典章制度，禮樂道德開始崩壞，各諸侯蠢蠢欲動，欲取周天子而代之。以孔子為首的儒家，便力圖恢復傳統周禮，主張「仁」是人之所以為人的價值所在，以賦予周文價值意義，讓當時只徒具形式而無實質內涵的周文重新灌注生命力。

另一方面，老子則是從周文所帶來的弊病著眼。老子認為維持周朝社會秩序的禮樂制度是外在的、形式化的，而且若是標榜禮制，人就會執著於禮制的標準，反而使禮制的初衷遭漠視，徒具虛假的概念，如此一來，人心也會被這樣的流弊束縛住，無法得到精神的自由。反之，若不標榜，人心就不會執著於此，亦不會去追求，生命就能更自由自在。

● 中西哲學的差異

● 中西哲學的差異

中國哲學

圍繞「人」為主，從內在精神到關乎群眾的政治。

西方哲學

不只是人的問題，還有以外在的客觀知識為主，如自然科學、天文學等。

問題圍繞在……

中國哲學：
如何看待生死？
人該如何立身處世？
最理想的政治是？
什麼是道德？

西方哲學：
萬物的本原是什麼呢？
上帝存在嗎？
幸福人生該是怎樣的？
法律與道德的關係是？

如何找到答案？

中國哲學：
內在的心靈探索 ＋ 外在的生活實踐

西方哲學：
科學推理方法
假設 ➡ 驗證 ➡ 定論
＋
問答中辯證出來

探討的對象

中國哲學：
個人 ＋ 政治（很多人）

西方哲學：

數學 天文 物理
外在環境
＋ 人

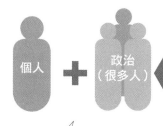

傾向 **主觀的**

傾向 **客觀的**

老莊的真實作者究竟是誰

一般認為《老子》、《莊子》的作者是戰國時期的老子與莊子，然而老莊其人是誰已無從考證，可以肯定的是，經過千百年來的傳抄，《老子》、《莊子》已非一時一人所作，並出現許多版本。

老、莊的作者不只有一人

一般認為《老子》的作者是老子，但老子是誰？有人說是老聃，有人說是李耳，至今仍無法確定。此外，因《老子》流傳久遠，全書是否皆出自老子之手，也不得而知。因為在印刷術發明前的傳抄過程中，抄寫者可能會加入自己的見解，所以作者可能不只一人。如近年出土的《帛書老子》、《竹簡老子》在文句上與最流通的王弼注本確有出入，可見《老子》版本眾多，亦非一人所完成。《莊子》亦是如此，眾所周知，《莊子》的原作者是莊周，但目前所見的《莊子》分為內篇、外篇和雜篇，一般認為只有內篇才是莊子所著，外篇與雜篇則是莊子的弟子或再傳弟子所著，因此立論角度與內篇稍有不同，內篇只論及人生的哲理，外篇與雜篇則有記述關於莊子本人的奇聞軼事。

尹喜要求老子在退隱前寫下《老子》

老子其人事蹟由於年代久遠，至今已不可詳考，僅能從司馬遷的《史記‧老子韓非列傳》等記載來窺探一二。老子是楚國苦縣厲鄉曲仁里人（今河南鹿邑縣），姓李，名耳，字聃（音單），是周朝掌管圖書的官吏。而其著《老子》的由來，相傳是老子看到周王朝日漸衰敗，心生退隱之意。經過城門關口時，守城門關口的關令關尹（又名尹喜）知道老子才學豐富，便要求他在退隱之前，留下著作以傳揚後世，於是老子就寫了《老子》給他，從此退隱去了，沒有人知道他的下落。

莊子其人生平幾不可考

莊子的個人生平同樣不可詳考，目前可見最早、最具代表性的生平記載為《史記》中的〈老子韓非列傳〉部分，但其內容是根據《莊子》內篇、雜篇的內容所作，因此是否真為莊子其人所發生之事亦不可考。目前僅可確定

的是，莊子單名周，後世又稱為莊周，梁國蒙縣人，曾擔任掌管漆樹園的官吏，根據《莊子》書中的寓言，可以窺見其視功名利祿如糞土的處世態度，因繼承老子學說，後人合稱「老莊」。

● **延續老子思想的主要學者及流派**

老子

- 春秋晚期人，是周朝掌管圖書的官吏。
- 學說目的在追求精神生命的自由自在。

關尹（尹喜）

- 春秋晚期時的守城人，相傳為要求老子著書者為。
- 第一位傳承老子思想的學者，其作者《關尹子》亦是道家經典。

列子

- 關尹弟子，春秋末至戰國前期人。
- 繼承老子虛靜無為的思想，認為應在亂世中獨善其身。

莊子

- 戰國人，承襲老子思想者。
- 認為之間的爭論皆來自於心知對某個價值標準的執著。

楊朱

- 生平因缺乏記載而不可考。
- 其「全性保真」說與《老子》的「復歸於樸」相近。
- 楊朱思想亦摻雜主張名實相符的名家，影響黃老學派的興起。

黃老學派

以田駢、慎到為代表

- 以道家學說為本，但融合儒、道、墨、法、陰陽等各家思想，以政治為取向，漢初到漢武帝初年曾興盛一時。
- 神仙崇拜的色彩濃厚，成為道教日後的源頭之一。

從道出發，追求自由的思想

莊子是老子思想最主要的承繼者，兩者在「道」這個共同理論基礎，對人生相關的各種議題均有高深的見地，最終目的都是在追求生命的自在逍遙。

「道」是老子和莊子的理論基礎

莊子是老子思想最主要的繼承者，老莊經常並提，二人的核心思想一致，都是可包容萬物、實現萬物的「道」。老莊所探討的「道」可分為兩種，一個是理論層面，即「道」擔負萬物的存在，給出萬物之所以存在的理由；另一個則較為實用，討論「道」在人生與社會的應用。如針對「人該如何面對死亡」這個問題，老莊便提出生死乃人生必經歷程，因此人們應該「安時而處順」，也就是順應生死的自然發展，當死亡來時平和地接受它，不要因為死亡而悲傷，也不要企求長生不老。

莊子承繼並完備老子思想

《老子》用語精練，短短五千言即涵蓋了廣泛淵博的哲理，因此僅能做架構的開建，剩下的細節需由後來的承繼者完備，莊子便是老子思想最主要的承繼者、完善者。莊子的表達方式與老子不同，他善用長篇寓言故事比喻，並穿插說理，使老子思想更具體、更貼近現實。老莊的思想理論大致相同，均以「道」為理論基礎，在道的架構下述及人生、政治、生死等課題；但莊子與老子思想也略有出入，如老子對政治保持一定程度的熱情與理想，並創造了一個理想的政治藍圖，莊子則主要在針砭時事，對政治的投入明顯不如老子。

老莊對生命的終極關懷是「自由自在」

老莊哲學所探討的基本課題，就是如何讓生命獲得自由，追求「無待的逍遙」。《莊子》中有一則寓言，說道家代表人物列子能乘風飛行，看似比一般人更逍遙自在，但事實上他之所以能夠飛行，是有條件的，也就是要有「風」才能夠飛；此外，他的飛行也有時間限制，一趟是十五天，因此像這種有條件限制的自由就是「有待逍遙」。莊子認為這並非真正的逍遙，真正的逍遙應該是「無待」的，也就是不受到任何條件限制，無論有風沒風，精神生命都能得到真正的自由和快樂，這就是老莊哲學所追求的終極目標。

〈逍遙遊〉

●老莊思想的關聯與推展

 老子

 莊子

道

- 提出「道」的觀念，並說明道具有的特性。
- 「道」是萬物存在的基礎，是無所不在、不會耗盡的。

- 具體延伸老子「道」的觀念。
- 用「道在屎溺」（連最骯髒污穢的屎尿中都有「道」）來說明道無所不在的特性。

修養工夫

- 鼓勵人們達到「道」的境界，減低對名利的執著，以避免痛苦。
- 修養工夫以「致虛守靜」為核心。

- 延伸老子「致虛守靜」的修養工夫。
- 分為心齋、坐忘、才全、德不形、至人用心若鏡等，但皆不離老子的「致虛守靜」。

死亡

- 認為死亡是人的必經旅程，人終要走向死亡。
- 認為死亡本身並非不好，而是經過人的價值判斷後，才變得不好。

- 認為死亡如同遊子歸鄉，死後的世界可能比活著的更好。
- 應解開對生死的執著，如同「懸解」（回歸平和）一般。

政治

- 政治思想的核心是「無為之治」。
- 對政治抱持熱情與理想，提出「小國寡民」的理想政治典型。

- 以批評當時的政局為主，亦不願出仕。
- 延續「無為之治」而提出「明王之治」，主張國君應有功於天下而不居功。

《老子》重精簡，《莊子》貴比喻

老莊在寫作形式上有很大的不同，《老子》為語言精煉的哲理詩，《莊子》則為篇幅廣大的散文，在寓言中寄託所要表達的思想，形成一種浪漫的風格。

《老子》所說的道德，與儒家所說的道德大不相同

《老子》總共五千言，卻蘊含宏大哲理，因此其風格少言精煉、文字簡潔，多用排比句、對偶句和比喻的方式，容易朗朗上口。《老子》與其說是散文，不如說較接近韻文，是一部闡述老子思想的哲理詩。許多書中名句至今已變成家喻戶曉的成語及俗諺，如「福禍相倚」就來自《老子》的「禍兮福之所倚，福兮禍之所伏。」〈五十八章〉。

《老子》分為上下兩篇，〈上篇〉為〈道經〉，〈下篇〉為〈德經〉，內容又以超越萬物的「道」與存在人們心中的「德」為主，因而又稱為《道德經》。《老子》所談論的「道」與「德」並非儒家所指的「道德」。儒家的「道德」是指如何讓自己的品行、人格趨於完美的行為準則，這套準則適用於自己與他人，因而逐漸成為中國千百年來的行事規範。道家所講的道德則並非如此，「道」是萬物的總根源，它讓天地萬物以它們自己的方式實現自身，因此這是一條人人可走、可包容天地萬物的大路；「德」則是內在於我們之中，無須外求，但需透過心上修養讓它顯現出來。

《莊子》用極富想像的寓言表達要闡述的義理

體例上《莊子》分內、外、雜三篇，內篇七，外篇十五，雜篇十一，共三十三篇。但一般學者認為，只有內七篇確實為莊子所著，外篇和雜篇在思想上和內篇不一致，應出自莊子的弟子與再傳弟子之手。因唐玄宗時尊莊周為「南華真人」，所以《莊子》又名為《南華真經》。

內容上，司馬遷在《史記・老子韓非列傳》中說：「莊子歸本於老子」，意指莊子繼承老子的學說思想。但《莊子》的體制與《老子》不同，它是長篇散文，多用寓言故事發人深省。如藉由自以為廣大無邊的河伯（河神），在看到北海若（北海之神）的無邊無際之後，才意識到自身渺小的這則神話，來探討人的認識（觀點）會受到所處時間與空間限制的問題。或是假託古代名人之口，來闡揚莊子思想，如借用孔子與顏回的對話，來闡述將心打掃乾淨的「心齋」。

● 《老子》與《莊子》的不同

《老子》   《莊子》

分上下兩篇，上經又稱為道經，
下經又稱為德經。

〈道經〉
為闡述「道」是
天地萬物存在的
基礎所展開的義
理。

〈德經〉
著重政治和人
生修養的問
題。

〈體例〉

共分內、外、雜三篇。

〈內篇〉
應為莊子親
著，展現出莊
子思想的核
心。

〈外篇〉
可能非莊子親著，
發展許久，參雜其
他家思想。

〈雜篇〉
亦非莊子所著，展現出莊子後學的
思想。

使用二種主要修辭手法的哲理
詩。

排比
俗人昭昭，我獨昏昏；
俗人察察，我獨悶悶。

比喻
「上善若水」用水來比喻道。

形式

主要有三種結構：

寓言
在充滿想像的
故事中寄託義
理。

重言
引用古人或名人
對話，來闡述其
論述。

卮言
不預設任何立場，隨著不同情境而
有不同表達方式。

簡潔精煉，偏重說理。

例如 **道可道，非常道**

老子僅用六個字，便表達出道與
一般事物有別的特性（不可用語
言來表達）。

特色

辭藻較華美，富有文學色彩。

例如 生動描述「蝸角之爭」（兩
個在蝸角上的國家為爭取領土而彼
此征戰）的戰爭場景：

「伏屍數萬，逐北旬有五日而後
反。」（戰死屍體有數萬具，戰勝
方不斷追逐敗卒，十五天後才退
兵。）

以三國曹魏的王弼《老子注》為
主。

重要性
代表中國兩千多年來的老學傳
統。

注釋

以郭象、向秀《莊子注》為主。

重要性
影響中國寓言文學及小說的發展。

老莊影響力遠播中外

老莊看似出世，但其影響力卻遠及許多層面，如政治、思想、經濟、宗教、科學、藝術等，且不僅限於中國，甚至對近代西方社會也產生極深遠影響。

老莊思想已內化至中國人心靈

　　雖然中國社會的主體是在儒家思想底下架構而成，但老莊思想的影響並未因此消減，反而在各個層面上展現其對中國的影響。政治方面，老子思想所衍生而來的黃老治術曾在漢初政壇叱吒很長一段時間，並造就出一代盛世。宗教上老莊思想曾在無形中推動佛教在中國的興盛與壯大，道教更是直接從道家演變而來的宗教，不但老子、莊子皆被神格化，《老子》、《莊子》亦成為道教經典。文學上，無論中國文人是先歷經千百年來的耳濡目染，或是在不如意時將之當做心靈慰藉，老莊思想都已內化入人們的價值觀，其影響力散見於無數詩、小說、戲劇等作品，最顯著的，便是在作品中傳達出歌頌自然、看淡名利的思想。藝術上，老子的「虛靜」、「追求心靈自由」的主張使中國繪畫走向「不重形似重意境」，以「傳神」為最高追求目標，並呈現在繪畫時講求畫面留白、潑墨等技巧。

老子思想在海外的影響層面相當廣泛

　　老莊思想的影響力除了在中國，也從十六、十七世紀開始，經由《老子》的散播傳到西方，影響至西方各個層面。最早是宗教，部分神學家意識到「道生萬物」與「造物主」之間的關聯性，因而用中國經典來解釋基督教義。此外，老子「自由」、「不干預」的主張，則影響至西方的政治與經濟，如「最好的政府是讓人民察覺不到其存在的政府」成為近代民主觀念的起源，英國經濟學家亞當·史密斯的「自由經濟」理論，也同樣源自於「道」。而老子對西方最大的影響，還是在西方近代哲學上，在近代主要哲學家如萊布尼茲、康德、黑格爾、叔本華、尼采等人的理論，可看到老子思想的影子，部分意識到「西方文化危機」的思想家亦企圖以老子為首的東方哲學來補救自身的不足。其他在科學、心理學、藝術上，老莊也提供很大的養分。從聯合國教科組織統計來看，《老子》外文譯本更是僅次於《聖經》成為發行量最大的世界名著，可以想見老莊對於西方世界的影響力之廣。

●受到老子思想影響的西方學者

《老子》
對西方各層面重要代表的影響

數學

最早接觸中國文化的歐洲人，其發明的「二進制」與《周易》八卦有異曲同工之妙。

萊布尼茲（1646-1716）

與牛頓同時發明微積分。
十八世紀的亞里斯多德。

經濟學

將老子思想中心的「無為」翻譯為法文laissez-faire，就是「自由放任」之意。

奎奈（1694-1774）

法國重農學派代表。

經濟學

繼承法國重農學派「自由放任」的經濟思想。主張市場由看不見的手所控制。

亞當·史密斯（1723-1790）

英國自由經濟學家。
代表作為《國富論》。

科學

肯定老莊思想對中國人在性格上的貢獻，並認為它同時兼具科學與政治的性質。

李約瑟（1900-1995）

英國曾兩度獲得諾貝爾獎的科學家。

哲學

認為老子的道可以解釋為「開出一條新的道路」。學說影響今天的中國哲學。

海德格（1889-1976）

德國近代主要的存在主義哲學家。

第 2 章

老莊的道論

「道」是老莊思想的核心，天地萬物因有「道」才得以實現。「道」雖真實，卻又無形無象，也不能透過語言去定義它、規範它。老子和莊子都認為要理解「道」，必須用特殊的方式。為了避免讀者執著於「道」的定義、規範，反而讓道在語言表述的過程中失真，所以老子透過不從正面來說什麼是道，而從反面說什麼不是道的方式來表達。

道是實現自身的寬敞大路

「道」字面上有兩層意義，一個是道路，另一個是言語，表示這是一條人人皆能走的逍遙之路。老莊所說的「道」並不等於字面上的意義，卻可以藉由語言的提點，進而體悟道。

「道」是一條可讓萬物逍遙自在的大路

　　「道」是老莊思想的核心，而關於「道」這個字，從字面上來看，第一個意思是指道路，可延伸為通往人生終極目標的康莊大道之意。若放在老莊思想的架構來看，這條寬敞的大道路代表著提供天地萬物一個充裕足夠的空間，讓萬物能以其自己的方式，不受扭曲、擺脫束縛地發展，實現自身的存在。而人也是萬物的一部分，當然也可以在道的關照之下實現自我，因此老莊的「道」不是一個故作高深的學說，而是可用在你我日常生活的實用知識。

　　由此可知，老莊的「道」是一條逍遙自在的路，能讓我們的精神生命得到絕對的自由。但要達到「道」的境界，就必須通過心性上的修養方法，也就是透過在心上做工夫，才可體悟絕對的自由。

透過言語指點道，但言語≠道

　　「道」字的第二個意思是「說」、「言語」，比方說「有道是」、「常言道」，中國古典小說也常用「道」來引述當中角色的對話，如《紅樓夢》中「（賈）寶玉看罷，笑『道』……」。老子、莊子亦透過語言表達的方式來指點道、形容道，讓我們能夠了解並體悟道存在的真實性，進而在心上實踐道的意涵。

　　不過要留意的是，用「說話」、「言語」表達道、解釋道，只是一個媒介，目的純粹是為了掌握道，一旦了解了、掌握了，就得棄絕言語的束縛，在心上做修養工夫，進而將道的自由自在展現出來。這也是為什麼說老莊是用語言「提點」道，但來描述、說明道的語言本身並不是「道」。就像是以手指天上星星，手指頭只是指出星星的方向，手指的並不是星星本身，只是方便我們看清楚星星在哪裡。

●「道」的現代詮釋

道

有形的

道路

提供人所行走、使用的路就是道。

例如《説文解字》説：「所行道也」，人所行走的路就是道。

言語

中國小說時常以「某某人道」，表示其說話內容，因此道有表示言語、講話的意思。

例如《紅樓夢・第三回》中，敘述賈寶玉初見林黛玉的情景：

寶玉看罷，笑：「這個妹妹我曾見過的。」

道

無形的　引申為

人人皆可走的路，不分貧富貴賤、男女老幼。

終點
《莊子》的逍遙之境，也就是生命主體的自由自在。

引申為

透過語言指點的方式，引導人們體悟、實現老莊的大道。

道沒有具體形象、無所不在，在天地萬物出現之前，就已經存在了，是萬物存在的總根源。

老子

透過語言所敘述的「道」，並非「道」的本身。

例如當我們向別人問路時，別人會用手指或者用地圖來告訴我們，不論是哪一種，均是讓我們了解的途徑，而非實際地點。

要以心而非以語言來認識「道」

若用語言概念去定義「道」的話，人的心知就會去執著於其義，而使道受限，如此道就非真正的道。「道」要用心去體悟，並透過內心修養，來讓心靈層次提升到「道」的境界。

道不能用有限的語言概念來表達

語言之所以不能表達老莊所說的「道」，是因為「道」無法用語言去定義它、規範它。人類為了便於溝通，所以用語言文字區別不同事物、表達想法。例如人們把那種有翅膀、可以在天空飛翔、能發出悅耳叫聲的動物發音為「ㄋㄧㄠ」、寫為「鳥」字。當人們一說到「鳥」的音、或寫下「鳥」字時，大家就能清楚知道說話的人是在指有翅膀、會飛翔、能發出悅耳聲的動物，溝通也方便許多。但若從另外一種角度來看，當「鳥」這個語言只用來指涉鳥這個對象時，就無法同時表達其他事物。世上語言的目的都是為了區別事物，所以也都具有這樣的概念有限性。

然而「道」的概念與「鳥」不同，道並不是像「鳥」一樣可以透過眼、耳、口、鼻等感官來感知的具體對象，而是超越一切有形事物的存在，是天地萬物一切的整體、也是最根源，無形無象且無限，因此並不適合用有限的語言來表達，否則「道」就會在這樣的語言限制下被扭曲、誤解。所以老子說：「道可道，非常道」，也就是說如果道可以透過語言來表達的話，那就不是經常不變的道了。

只能透過內心的修養來驗證老莊的道

既然不能通過語言來了解「道」，那要如何認識老莊所說的道呢？《莊子》有一段這樣的對話，南郭子綦在木几後面打坐，他的學生顏成子游看到他仰天長嘆，好像無精打采的樣子，便問：「老師您怎麼看起來身體像槁木一樣，難不成心也和死灰一樣嗎？」南郭子綦回答：「我今天解消了我對形軀的執定，你知道嗎？難道沒聽過無聲之聲的天籟嗎？」對話中的「天籟」即是指「道」，南郭子綦透過鬆開自己對形軀的執著而體悟了道。顏成子游因為尚未體悟，而「道」又是無法僅透過眼耳口鼻就能感知到的對象，所以辨識不出南郭子綦的境界。但相對地，只需用心去體悟，透過一步步的內在修養，向著道的境界提升心靈，就能如南郭子綦一般進入道的世界。〈齊物論〉

●語言概念的限制

語言是用來表達具體有形的事物，
以區別各個不同的事物。

例如 草、木、蟲、魚是為了指涉
草、木、蟲、魚這些具體而又各
自不同的事物，以區別彼此。

花　　木

蟲　　魚

侷限1　只能指一個事物

一說什麼是A，就表示其他的事物不是
A。

例如 一說什麼是鳥，就表示其他的
東西不是鳥。

會叫　　　　　有羽毛

會飛

有翅膀

侷限3　使認知受限

因語言概念自身的限制，容易讓人產
生心知的執定，以為一個事物只能對
應到一個詞語。但事實上，在語言還
沒有約定俗成之前，人們可以用任何
一個詞語去對應它。

例如　　　　　　　　執定

馬　鳥　狗　　　　車

在稱它為
汽車前　➡　在稱它為
汽車後

人們可以用任何
一個詞去稱呼
它。　　人心就會執定這
個東西只能是這
個名稱。

侷限2　易產生混淆

一個語言概念只能指涉一個特定的事
物，如果同樣的名稱表達的是兩種以
上的不同對象時，就會產生混淆。

例如 兩個人都叫張三，人們往往會
分不清，哪個才是他們要找的張三。

張三在嗎？
？？？
我是！　　唉！　　有！

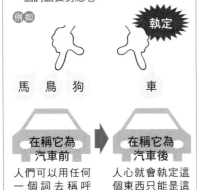

不能以有限的語言表達無限的「道」

31

道的特質

道是超越宇宙萬物的絕對存在

「道」既是超越了有形事物、時間的絕對存在，也是統含了一切現象、不生不滅、最為具足飽滿的整體，不需依憑任何條件也能獨立存在。

道應該是「有物混成」的樣子吧！

「道」做為最終極的根源，並無法用言語描摹道的樣貌究竟是什麼樣子。但為了讓透過語言溝通的人們懂，《老子》於是說「道」是「有物混成」的樣子，就像知道有一個東西存在，卻看不清楚那是什麼。

一般人認識事物時，會透過感官知覺，如外型、聲音、氣味、味覺、觸感等來辨識所經驗的對象。但是「道」是超越有形事物，是讓天地萬物展現為我們所見現象的根源，是「視而不見」（看不見）、「聽之不聞」（聽不到）、「搏之不得」（摸不著），既沒有固定形狀、也沒有具體事物的形象。所以也沒辦法透過眼睛、耳朵、觸覺等感官，以一般認識事物的方式來認識道。也因為「道」具有「無狀之狀、無物之象」的特質，因此真要描摹「道」的樣貌，老子也只能勉為其難地說它是「有物混成」了。〈二十五章〉

在天地出現之前，就已經有「道」了

「道」固然無法被清楚描摹，但卻是真實且恆常存在的。《老子》說「道」是「先天地生」，在天地萬物出現之前，就已經存在，也就是說道是在一切具體有形的事物出現之前，就已經存在在那兒了。

「先天地生」的「先」字並不是指時間先後的意思，而是絕對的超越，代表「道」是絕對最早的存在，它不僅僅是在有天地之前就已經存在了，而且也超越了時間概念，是宇宙中唯一且絕對的存在。

此外，《老子》還說道是「獨立不改」，不依附任何條件即能獨立存在。若是一般有形的具體事物，都是需要在各種條件憑恃下才能存在，例如樹木的生長需要空氣、陽光、水和土壤，人類初生的嬰兒也需要父母養育；但「道」是獨立自足，永不生滅改變的，是唯一也是絕對的整體，所以「道」無須依附任何事物就能自己存在。

● 道是無法透過感官經驗來認識的

道 是無形無象的

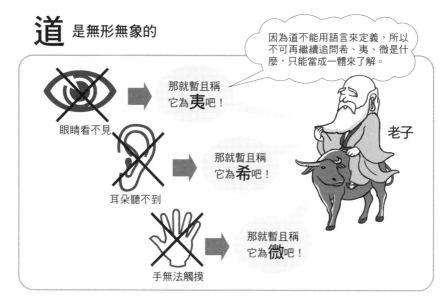

因為道不能用語言來定義，所以不可再繼續追問希、夷、微是什麼，只能當成一體來了解。

那就暫且稱它為**夷**吧！

眼睛看不見

那就暫且稱它為**希**吧！

耳朵聽不到

那就暫且稱它為**微**吧！

手無法觸摸

老子

道 是超越於天地及一切有形事物之上的

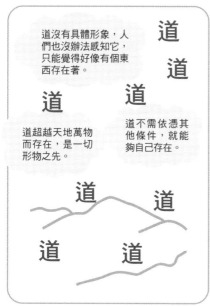

道沒有具體形象，人們也沒辦法感知它，只能覺得好像有個東西存在著。

道超越天地萬物而存在，是一切形物之先。

道不需依憑其他條件，就能夠自己存在。

道 是永恆常存且無限的

道超越一切有形的事物，而能成為天下之母，做為天地萬物存在的根源。

道是天底下最大的存在，是無限、絕對之「大」。

道一去不返。

大逝反遠

道也會回返，不斷地循環，週而復始、生生不息。

道一直走，走得很遠的樣子。

道的作用
道以不干擾的方式生成萬物

「道」是一切萬物得以存在的源頭，可以說一切萬物皆是由「道」而生。但是「道」並不是以無中生有的方式創造萬物，而是以不去控制、不去干擾的方式，讓萬物能以自己的方式存在、實現自己。

萬物都是憑恃道而得以存在

老莊的「道」是天物萬物的源頭，是一切萬物存在的基礎。《老子》說：「道生一，一生二，二生三，三生萬物。」〈四十二章〉，又說：「大道氾兮，其可左右。萬物恃之而生而不辭。」〈三十四章〉說明天地萬地都源自於道，一、二、三……天地萬物都是道所開展出來的現象。更具體地說，大道就如同源源不絕的水，是無所不在的，萬物依靠道而得以生長，而生生不息。

《老子》接著說：「功成不名有，衣養萬物而不為主。」〈三十七章〉意指道讓天地萬物得以憑恃它而能夠存在，有功勞卻不居功；道撫育萬物，卻不以萬物之主自居。

道是無所不包的，萬物因而能生生不息

要留意的是，講述道與天地萬物的關係時，《老子》用了「生」字，彷彿在說道能生成萬物，如雞生蛋、蛋生雞一樣，但若是從《老子》書中其他內容來看，就會明白並非如此。

《老子》提到：「道沖而用之或不盈，淵兮似萬物之宗。」〈四章〉即是指道是沖虛的，即使不斷地注水進去也不會盈滿，如同深淵一般，萬物因道而得以存在，道因此如同萬物之主一樣。道既然是「沖虛」的、「空」的（這個「空」並非佛教所說的空，佛教的空是指一切萬事萬物均由因緣聚合），因此也就不可能是以「雞生蛋、蛋生雞」的方式生就萬物。道因為是空虛，所以才能天地萬地無所不容、無所不包，讓天地萬地在道中生長。道生萬物的「生」，實際上正是給出一個空虛如深淵一樣的空間，讓天地萬物可以不斷地孕育。

●道實現天地萬物的方式：有與無的關係

無，名天地之始。〈一章〉
一體無別的狀態，可說是天地的開始。

道無形無名，故能做為天地萬物的基礎，是天地萬物的開端。

玄之又玄，眾妙之門。
〈一章〉

有與無之間不斷循環往復，是萬物得以實現的原因，所以說是眾妙之門。

需要依憑形體，才能讓萬物生長。

生了萬物之後，不能停留在有的階段，必須回歸到自身無的妙用。

- 沒有「無」的生機之源，只具有「有」的形體也無法實現萬物。
- 「無」與「有」只是將「道」分解而論，實際上二者一體無別。

有，名萬物之母。〈一章〉
有，可說是萬物的母親。

天下萬物生於有，有生於無。〈四十章〉
天下萬物是透過返回其自己最原始的面貌而生，這生的作用就在「道」的本身是「無」。

- 「道」生成天地萬物的方式，就在於讓萬物回歸它自己最初的樣貌；而不是像造物主那樣，按照祂的想法創造這個世界。
- 「道」能讓萬物回歸它自己最原始的樣貌的原因，是在於「道」是虛無的，能給萬物一個生存的空間。

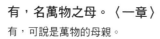

道不干擾萬物，讓它們以自己的方式生長

「道」給出一個空間讓萬物自生自長，就是不干擾對方，而讓萬物按照它自己的方式生長。老子認為，萬物原本就能夠自己生長，但如果人們時常想去干擾它的生長的話，那萬物就會無法生長。好比一株樹苗，就算不去澆水施肥，它也能夠自己發芽、成長。但人們如果希望它趕快長大，過度勤於澆水施肥，就是「揠苗助長」，那植物不但長不好，反而很快就會枯死。

老莊認為，萬物本來已經能夠自己生長，道「生」萬物的方式，就僅僅是不去干擾、造作而已，這樣的生不是創造，而是實現，因此可以說，道讓萬物以它們自己的方式來實現。

無是有的基礎，有是無的外在憑藉

那麼「道」又是如何形成了天地萬物，其過程又是如何？《老子》說：「無，名天地之始；有，名萬物之母。」〈一章〉「無」是萬物得以實現的總源頭，一切萬物的存在都以此為根源。「有」是萬物的母親，各種具有千差萬別的形體事物均是由「有」衍生而來。

有無之間的關聯，可以桌上的陶杯為例，陶杯以陶土製成，具有實際的形體，所以是「有」。但是陶杯的中間如果不是空、無的話，則無法發揮杯子裝水的功能。從陶杯的例子也可以知道，無和有，其實是一體兩面，如果只有「無」，沒有實體的陶杯，儘管是終極根源，也會為無法實際彰顯出來而流為空談。若是只有「有」而沒有「無」給出空間讓有得以實現的妙用，事物的器用也無法實現出來。

所以《老子》說：「此二者同出而異名，同謂之玄。」〈一章〉「無」與「有」都是同出於一個整體，其實也就是「道」，在這裡老子特別以「玄」來表示。「玄」就是黑色，是指黑漆漆的一團，老子似乎要在此特別強調，讓萬物生生不息的道，「玄之又玄」地深邃得讓人看不清，卻是萬事萬物由此存在的總根源，亦由此顯現成萬事萬物五花八門的各種現象，所以說是「眾妙之門」。

●「有」與「無」的關係

有形的器物，必須仰賴「無」的妙用，才能成就其自身之器用；
而「無」的妙用，也必須仰賴「有」之器用才得以顯現

例1車的輪子

1個車輪由許多個連接車軸
和輪圈的直木組成。

無 車輪的中心必須是中空的，才能讓車輪運轉，成就車子的器用。

●●●

有 因為有連接車軸和輪圈的直木，才能讓車輪的中心發揮其妙用，否則光有車軸也沒辦法成就車子的器用。

例1陶器物

用陶土做成各種壺、碗、杯
等飲食用的器皿。

無 壺、碗、杯等器皿，中間必須是空的，才能裝水、裝食物，成就器皿的器用。

●●●

有 如果沒有陶土揉捏、塑造出來陶器外形，就沒有這個陶器。

例1有門窗的房子

一棟房子由門窗組成。

無 工人要鑿開門和窗戶，房子才能採光、供人出入，發揮它住人的功用。

●●●

有 要先有房子這個外殼，才能讓門窗的妙用顯現出來。

道與德

萬物因有德而能成長茁壯

「道」可以讓萬物得以存在，是萬物的源頭，但除了「道」之外，還需要「德」使萬物順著自己的本性生長，因此，「德」是讓萬物得以存在的生命能量，是可讓道實現萬物自然的「至德」。

萬物根源是「道」，道內在於萬物之中的本性即是「德」

道是萬物存在的源頭，道不去干擾萬物，給出一個空間讓萬物以它自己的方式來生長，即「道生之」〈五十一章〉。因此「道」不是具體有形的事物，不是花也不是魚，它是超越於一切有形事物之上的無限存在。

然而光道生成萬物是不夠的，就如同母親只生而不養育孩子的話，孩子也無法存活。萬物若要自己生長，就需要將「道」內在於己身之內、讓自己即具有可成長的生命能量，這股能量就是「德」。「德」是得之於道的意思，因為萬物均有得自於道的本性，所以萬物能順著自己的德性生長，即「德蓄之」〈五十一章〉。

「道」、「德」本為一體，只是扮演的角色不同，讓萬物得以存在的根源是「道」，讓萬物能順著自己的本性生長茁壯則是「德」，但「德」又可以歸本於「道」。因此道既是給出空間讓萬物順性發展，同時又不離萬物地在萬物身上顯現為「德」，伴隨著萬物成長，就如同母親守護子女成長一樣。

萬物有了形體與環境的情勢才能生長

萬物要能夠生成，除了發揮來自於道的「德」做為順性發展的能量之外，還必須在兩個條件的交相配合下，方能生長。

一個是形體的憑藉，也就是「物形之」〈五十一章〉，讓內化的德性藉由形體彰顯出來，否則德就會只是一股隱而未發的能量而已。例如種子，未發芽成長前，就只是一粒蘊藏生機的種子。一旦發芽，就會開啟與生俱來的德，朝向成為大樹的本性生長。

此外還需「勢成之」〈五十一章〉，也就是在合適的條件、外在環境的條件下，才能啟動生機。例如種子必須要有空氣、陽光、水等合宜的生長環境中，才能夠生長。

● 道與德之間的關係

解釋萬物之所以存在的原因

道生之

道給出一個空間，以不干擾、不控制的方式實現萬物。

例子 天地萬物，如花草樹木、蟲魚鳥獸等的存在根源是「道」。

德蓄之

德得自於道，內在於萬物之中的本性，是萬物可以順著自己自然的本性生長的生命能量。

例子 種子在沒有人呵護的情形下，可以自己發芽、茁壯，這股源自於己的力量就是「德」。

解釋萬物形體構成的原理

物形之

只有道與德無為的妙用，不足以實現其自身，還必須要有形體，才能算是真正的存在。

例子 一棵樹之所以為樹，正是因為它有樹的形體，否則就不是樹。

勢成之

萬物要生長，必須要有足夠的外在環境條件，才能實現自己。

例子 樹除了有形體外，還要有空氣、陽光、土壤、水、養分等外在條件才能夠生長。

萬物莫不尊道而貴德

道和德之所以尊貴，是因是為道和德是順著萬物自己的本性，讓他們以自己的方式來生長，而不去干擾、控制他們。

「自然」是萬物最初的樣貌

「道」實現萬物的方式，就是給萬物一個空間，讓萬物以它自己的方式生長。
而放諸至人與環境之間，則是不該以人為造作去干擾、破壞自然環境。

老子的「自然」是自己如此

　　「自然」二字在《老子》中的重要性，僅次於道。《老子》中的「自然」不是指自然環境，而是指經常用來指萬物自己如此的原本狀態，即沒有被人為塑造的最初樣貌。《老子》說：「希言自然」，因為語言的表達會引發心知執著與人為造作，因此不言為自然。緊接著《老子》以自然造作為例，說：「故飄風不終朝，驟雨不終日。孰為此者？天地。天地尚不能久，而況於人乎？」意指狂風和驟雨都是自然的造作，是天地違背自然常理，所產生的不正常現象，兩者均維持不了多久。天地的有為造作尚且如此，可想而知人若為了達到某種目的而採取的造作當然也會難以持久了。〈二十三章〉

天地不仁，以萬物為芻狗

　　《老子》說：「天地不仁，以萬物為芻狗。」〈五章〉「天地不仁」是指天地不會偏愛任何特定的人事物，萬物在道的眼中都是一體無別。這裡的「不仁」並不是要否定「仁」真正的價值，而是要人們鬆開心知對於「仁」的認定與執著，即無所偏愛，不為了某種特定的目的而為，讓萬物按照它原本的面貌呈現它自己。「芻狗」是以草紮成、做為祭祀之用的狗。整句話的意思是說，天地把萬物當成草紮成的狗一樣一視同仁，無所偏愛，任由萬物自生自長。

人為造作對自然環境是一種傷害

　　《老子》的成書時代，固然沒有環境保護的議題，但人們仍可從《老子》中學到人與自然應該如何共處。

　　道以自然、無為的方式實現萬物，人也是萬物之一，得到來自於道的德性，因此也應該以自然、無為的方式來對待客觀的自然環境，而非為了任何目的，以控制和侵略的手段對待自然界，如過度開採森林資源，導致綠地減少；過分捕殺野生動物，導致許多物種已經絕種或者正瀕臨絕種等等，這些

● 老子眼中的自然

道法自然
「自然」是道的呈現

實現萬物

自然是道的特質之一，「道」以自己如此（自然）的方式實現萬物，不宰制萬物，萬物才能有空間自己生長，這就是道實現天地萬物的原則。

 花草樹木即使沒有人去澆水、施肥、修剪，它們也能夠自己生長，若是澆水、施肥、修剪等過度人為干擾的話，反而就長不好了。

 延伸　　　　　　　　　　 延伸

政治應…

君主應認真為百姓做事，而非整天只想鞏固自己的權位或滿足自己的私人慾望，無所不用其極，罔顧國家百姓的福祉。

自然環境應…

人不應當過分開採自然資源，應當只取用自己所需的部分，而留給自然中的動植物一個生長存活的空間。不可為了滿足自己私人的慾望，而抹煞其他物種生存的權利。

人為造作的後果：
為鞏固自己的權勢，有些帝王不惜採高壓統治，因而造成人民反抗。即使人民因畏懼國君而不敢革命，但霸權有一天終會隨著國君性命結束而消逝。

人為造作的後果：
過度取用自然資源，將使自然資源枯竭、動植物滅絕，如荷蘭人統治台灣期間，濫捕濫殺台灣原生物種梅花鹿，導致梅花鹿一度面臨瀕臨絕種的危機。

皆與《老子》的不宰制、不控制對待萬物的方式相違背。老子反對一切有為造作，有為的造作是為了某種特定目的而為，是基於一己的私利，因此對自然環境的迫害亦然，這是有心有為，應該要盡可能地避免。對待自然環境最好的方式，就是無心無為，即不是為了某種特定目的而為，讓自然界的生物能自生自長，避免不必要的人為干擾，那麼人與自然環境就能處於和諧的狀態。

使用機器耕地是人為造作

　　《莊子》有一則寓言，延續了《老子》的自然觀。有一天，子貢去南方的楚國遊玩，要返回晉國時，經過漢水的南方，看到一位長者在菜園裡種菜，他鑿了一條通到井水處的隧道，抱著水甕裝水在菜園和水井處來回澆灌，耗費很多力氣，但成效卻很少。子貢就跟這位長者說：「有一種機械，一天可以灌溉一百畝的田地，耗費的力氣很少，成效卻很大，您為什麼不採用呢？」這位長者問子貢是怎麼辦到的，子貢就向他解釋這種機器運作的原理。但這位長者在聽完後，卻不太高興的說：「我聽我的老師說過，使用機械的人以為有可以投機取巧的事情，而想要投機取巧的人一定有投機取巧的心，心裡面既然已經有了投機取巧的心，原本天生本有的真心就已經不存在了。並不是我不知道，而是羞於做這樣的事情。」從這個故事的例子來看，可以知道莊子將使用機械視為人為造作，人們使用機械，本意是為了節省力氣與時間，可以做更多的事情，可是人心往往會因為使用機械而變得投機取巧，這就是有心有為，為了某種特定目的而為。〈天地篇〉

什麼是心知？

　　「心知」是指心有認知外在事物的能力，是人能從經驗裡學習並累積而來，如人在看到一朵花，心認知後，就會掌握這個花的特徵，之後若看到會發出香味、顏色鮮豔的植物，心自然就知道是花。但在老莊思想中，心知多半有負面意義。那是因為人會以心知來區隔、分辨事物，形成成見，引發各種有目的的造作行為。像是一旦心認知了什麼是花，心就容易有認定會發出香味、顏色鮮豔的植物才是花的成見，也可能就特別偏愛這樣的花，如此一來，心就會定在那裡，失去了如「道」一般能容納各種不同事物的靈動。

●老子與孔子眼中的仁

- 「仁」是每個人與生俱來所擁有的本心，這個本心會判斷是非善αㄜ惡。
- 「仁」會很自然的告訴我們要孝順父母、友愛兄弟姊妹。

孔子

> 「我欲仁，斯仁至矣。」
> 我想要讓天生本有的仁心彰顯出來，那麼仁就能夠顯現，因為「仁」內在於每個人之中。

vs.

- 並非否定孔子的「仁」的真正價值，而是批評變成意識型態、價值標準的「仁」。
- 老子認為，唯有心的認知不去執著仁的標準的時候，才能將仁真正的價值意涵實踐出來。

老子

> 天地不仁，以萬物為芻狗。〈五章〉
> 天地不偏愛萬物，不以自己的意念去干擾萬物的生長，把萬物當成草紮成的狗那樣一視同仁，讓萬物依照自己的本性去生長。

不言之教
心知執著於言語會使道失真

老子認為，語言文字的有限性，會引發心知執著，造成大道失真，因而提出「不言之教」，讓道的境界在心不去執著價值標準後顯現。莊子進一步以成心來說明是非價值的判斷標準。

「不言之教」才能讓心不去執著於特定的價值標準

老子若明確告訴世人要怎樣做才是正確的話，那麼世人就會把這樣的話當成是一種判定行為正確的標準，如此一來反而顯現不出老子想要表達的真正價值（道），因此老子主張「不言之教」。「不言之教」並非否定語言的功用，而是基於語言文字自身的限制，會引發人們的心知執著，而造成大道的失真。老子認為，一切的價值標準皆是相對的，一說什麼是「善」，就有一個「不善」與之相對，這是因為我們的心知會去執著「善」的標準、定義，認為一定要達到某個條件、標準才是善，這時真正的善就已經消失了。因此，透過語言是不能表達道、認識正確的道的。因此老子崇尚「處無為之事，行不言之教。」〈二章〉「無為」就是無心而為，「不言」就是讓心不執著於特定的價值標準，這樣才能讓道的境界在我們的生命中體現出來。

用有限的價值去看無限的大道，大道就會失去它的原貌

莊子更進一步反省，人們對是非、美善的判斷標準常常因立場的不同而有所改變，例如「環肥燕瘦」，漢朝的人認為體態輕盈的趙飛燕是美，到了唐朝卻認為豐腴飽滿的楊玉環才是美，可見每個人都有一套對是非、美善的判斷，所以當我們遇到同一個情況時，每個人判斷出來的結果都會不同。這是因為每個人都有「成心」，這個成心就是我們判斷衡量一切事物美或不美的價值判斷標準。而每個人都有成心，便會導致每個人對是非、美善的看法皆有不同，這就是莊子說的「其所言特未定也。」〈齊物論〉是非、善惡的判斷沒有一定。若是用沒有一定的語言來表達經常不變的大道，就會造成大道的失真。《莊子》又說：「道隱於小成，言隱於容華。」〈齊物論〉，認為這已經不只是有限語言不能表達無限大道的問題，而是說因為每個人都執著其成心去判斷世間所有事情做，而每個人的價值判斷標準都有不同，導致所做出來的是非判斷標準沒有一定，這樣的語言是不能表達道的。

●不言之教

老子

鬆開心對語言的執定。

是以聖人處無為之事，行不言之教。〈二章〉
聖人以無心無為的態度處事，以不言的方式教導百姓。

多言數窮，不如守中。〈五章〉
為了某種目的而說的話必會窮盡，不如維持空虛無為的狀態。

希言自然〈二十三章〉
希言是自然之至言。

語言本身的有限性，引發人們去執著特定的價值標準。

道可道，非常道；名可名，非常名。〈一章〉
「道」無法用語言來表達，也不可以用一般語言概念來定義。

吾不知其名，字之曰道，強為之名曰大。〈二十五章〉
我不知如何稱呼它，只能暫且稱呼為「道」，勉強形容為「大」。

莊子

人心執著語言的分別之後，把語言當成攻擊對方的武器，這樣一來大道便在有心有為中隱退，而發揮不出語言真正的功用。

夫言非吹也，言者有言，其所言者特未定也。果有言邪？其未嘗有言邪？其以為異於鷇音，亦有辯乎，其無辯乎？道惡乎隱而有真偽？言惡乎隱而有是非？道惡乎往而不存？言惡乎存而不可？道隱於小成，言隱於榮華。故有儒墨之是非，以是其所非而非其所是。〈齊物論〉

人們用代表不同立場、沒有一定標準的言論來互相攻擊，誰是誰非根本沒有什麼分別。而道卻在這樣的有心有為中隱退，出現真假分別，言論被用華美的言辭包裝而有爭論。

老莊的表述方式

以正言若反及弔詭來表述道

雖說「道」不能在言語上掌握，但老莊要表達其對「道」的體悟，還是得透過語言，老子以使用像是相反字眼的「正言若反」來表達，莊子則以違反一般語言方式的「弔詭」來述說道。

「正言若反」教人們從另一個角度去思考事情

　　雖然語言有其自身限制，但為了思想傳承的需要，老莊也不得不使用語言來表達「道」。因此老子設計出一種獨特的語言表達方式，一方面使用語言來表達老子對道的體悟，另一方面也試圖避免人們心知執著於語言概念的使用，這種表述的方式就是「正言若反」。

　　「正言若反」簡單來說，「正言」就是「合道之言」，是能夠體現「道」的境界的語言表達方式，而「若反」就是違反世俗看法的表達方式，因此「正言若反」就是透過好像相反的字眼，來表達那不可用語言來表達的道。

　　如老子說：「弱之勝強，柔之勝剛。」〈七十八章〉從人們一般的生活經驗來看，柔弱的東西怎麼能夠勝過剛強？可是老子卻認為，水是天底下最柔弱的東西，但洪水爆發時可以移山走石，比一般看似剛強的事物還要剛強。這樣的表達方式引發人們從事物的另一個面向去思考事情，反轉世俗非黑即白的思考方式。

莊子用違反一般語言表達方式的「弔詭」，打破一般人對語言的執著

　　「弔詭」是指有違常理的語言表達方式。《莊子》說：「予謂女夢，亦夢也。是其言也，其名為弔詭。」〈齊物論〉一般來講，當我說你在做夢時，必須是我不在做夢，所以才能知道你是在夢境裡；可是莊子卻說你在做夢，我也在做夢，所以我說你在做夢，這種把自己包含在裡面、有違一般語言表達的方式，就稱為弔詭。

　　莊子之所以使用這種違反一般語言表達的方式，來表述其對道的體悟，是因為莊子與老子一樣，都認為一般的語言是有限制的，且人們習慣使用生活中的語言來表達自己的想法，很自然的心知就會執著於語言概念的使用，老莊要做的就是試圖打破語言的限制，反轉一般人對語言使用的既定看法，如此才有可能透過語言，向人們表達老莊的「道」。

●老莊反轉一般思考方式的語言表述

反轉一般人的思考方式

因道不能被有限的語言概念去框架與限制，因此老莊以反轉一般人非黑即白的思考方式來表達道。

老子

正言若反

《老子》常使用「絕」、「棄」等具有否定意義的字眼，或是看似相對、對立的語言概念，來闡明所要表達的看法，以呈顯正言真正的意涵。

莊子

弔詭

《莊子》以奇怪、不正常的表述方式，來反轉一般人的思考模式，以避免人們執定語言概念的使用，來表達不可用語言表達的道。

一般人認為：
有仁義，才有大道。
有慧智，才能破除虛偽。
有孝慈，家庭才會和樂。
有忠臣，國家才會強盛。

老子偏說：
大道失廢，才顯出仁義價值。
有慧智，反而才有虛偽。
提倡孝慈，代表家庭不和。
強調忠臣，代表國家昏亂。

 大 vs. **小**

 美 vs. **醜**

從道來看，二者都沒有分別。

上善若水是對道的最佳譬喻

老子為讓人們更了解「道」，而以可滋養萬物的水來比喻道是萬物生存的根源，又以谷的中空來形容道生成萬物，但無論是哪一個，都並非真正的「道」。

「上善若水」，與無形的道最相近的就是有形的水

道雖然不能用語言文字來定義，但為了讓人們更容易了解「道」，《老子》用許多性質相似的具體事物來比喻，如「水」就是老子對道的最佳比喻。《老子》說：「上善若水。」即說明水有三種最接近「道」的特質。

首先是「水善利萬物」，水可滋養萬物，動物和植物生存都需要水，在這世上尚沒有什麼東西是可以沒有水就能存活的；而道是一切萬物得以存在的總根源，所以在「生」萬物的這一點上，水和道相似。

第二是「不爭」，水最可貴之處，在於它是用「不爭」的方式來讓萬物得以生存，萬物皆依賴水才能生存，而水只是讓萬物順著其自然的本性去生長，不會為了達到某種目的而傷害萬物，也不會因為不喜歡某個事物就不去滋養他，這種不為了某種目的而與萬物站在對立面的方式就是不爭。

最後是「處眾人之所惡」，一般人認為「人往高處爬」，即以奮發向上，力求出人頭地為好，因此多覺得低處是不好的；而水往低處流，不與萬物相爭、也不傷害萬物，與道不干擾萬物生長的特質相近。所以說：「故幾於道」，也就是水幾乎如同道的意思。但這只是一個譬喻，水畢竟仍是具體有形事物，不是無形無象、超越於一切有形事物的大道。〈八章〉

以「谷」喻「道」

除了水之外，《老子》亦以山谷來比喻「道」。《老子》說：「谷神不死，是謂玄牝。」〈四章〉山谷因中間是空的，而有空間可提供花草樹木生長，如果山谷中間被土填滿，那麼植物就無法在其中生長了。「牝」原意是「母親」，「玄牝」指的就是萬物之母。整句話是說，山谷給萬物一個自己生長的空間，就好像是萬物之母。而山谷中間是空的這項特質，和道給出一個空間，讓萬物依照它自己的方式生長的特質相近，所以以谷來比喻道。

● 《老子》對道的比喻

水

上善若水。水善利萬物而不爭，處眾人之所惡，故幾於道。（八章）

理由

因水有不爭、善利萬物、處眾人之所惡這三個特點，與「道」因無所偏愛才能實現天地萬物相似，所以水來比喻「道」。

谷

谷神不死，是謂玄牝。玄牝之門是謂天地根。（六章）

理由

因山谷中間是空的，可以讓花草樹木在其中自然生長；就如同「道」給萬物一個空間實現自我，因此用谷中間的虛、無來比喻道。

老子比喻道

水

谷神不死，是謂玄牝。玄牝之門，是謂天地根。（六章）

理由

「牝」是母性動物，因「牝」可以生育後代，與道生生不息實現萬物的作用相近，因而以「玄牝」來表示道（「玄」有強調道並非具體有形之用意）。

江海

江海所以能為百谷王者，以其善下之，故能為百谷王。（六十六章）

理由

江海能成為百谷之王，在於它「善下之」，也就是無心無為，不與萬物相爭，才能久處卑下而實現萬物。

- 道並非具體有形的事物，又要避免為其定義反招致失真，因此老子便以具體有形的事物來比喻道。
- 這些用來比喻道的事物，皆具有與道相似的特質，但它們僅僅只做譬喻之用，方便讀者了解道而已，並非道體本身。

第 3 章

老莊的人生修養方法

老莊的「道」是透過人的主觀修養,才能體悟到的境界,達到這個境界的方法就是修養工夫。修養工夫是在心上去實踐的,讓我們的心知透過層層的鬆開,不去追名逐利,則心就能不在追逐外在名利的過程中受到損傷,回歸每個人原有如同嬰兒那般純粹的真心。

修養的方式

「道」必須透過實踐來追求

人心很容易受到外物的牽引，而要讓心不受到外在名利權勢的誘惑，便需要一番努力，這個努力指的就是修養工夫。所謂工夫，便是一套讓人們體悟道、實踐道的修行方法。

包容各個不同觀點的《莊子·齊物論》

　　老子提出「道」的用意，不在於討論形上的道，而是在希望人們也能效法道、實踐道，給出一個空間，以包容的態度對待每一個人。《莊子·齊物論》所要表達的也是這個意思，如何讓一切事物的價值，在人的主觀心境中獲得平等無別的地位。

　　莊子所處的戰國時代，常有儒墨兩家孰是孰非的爭論，但在莊子看來，不過是用儒家的優點去攻擊墨家的缺點，或者是以墨家的優點抨擊儒家的缺點罷了，這樣的攻擊來自於每個人都有自己一套評斷是非的價值標準（成心），而這套價值標準是會根據不同的觀點、立場而改變的。不只儒墨，就連每個人也都是拿著自己認可的相對價值標準去評斷天下人，人們便在這種相對是非價值的判斷之中，喪失了原有的天真美好。

　　因此，要如何讓人們放下原有的價值判斷標準，包容各種不同的觀點，進而容納和我們不同的國家、種族、文化等等，這才是莊子哲學關懷的重心所在。只要人們能在心上鬆開對相對價值標準的執定，不以此標準去衡量天下人，心自然就能包容世間一切不同的觀點，這樣心就是虛的、開放的。

為什麼人需要修養？

　　人們常因追求物質享受、名利權勢等而忙碌終身，不得消停片刻。換言之，便是心想要的太多，隨著得到的東西愈來愈多，心就會想要更多。因此老莊認為，世間一切價值標準都是相對的、隨時會變動的，第一不會永遠是第一，將有限的生命建立在無限的慾望追求中是很危險的，所以最好的方式，就是不要去追求這些外在價值標準，而如何讓心在追求名利權勢的執迷中醒悟，老莊為人們提供了一個解決的方法，這個方法是需要每個人回到心上去用功的，此即修養工夫。修養工夫是一種提升生命層次的方法，其最終目的，就是要到達心靈無所拘束、絕對自由境界。這境界就是《莊子》所說的「逍遙」。

何謂相對的價值標準？

　　所謂相對價值標準，是指通過比較而來的價值觀感，評比的標準會根據所處時代、地域的不同而有所改變，因此同一個事物，也可能會有不同的解讀，如白色對中國人來說是喪禮所用的顏色，代表不吉利；而西方人卻用於婚禮，表示神聖、純潔，是好的意思。

●生命由內在超越的進程

受到外物的誘惑

眼睛、耳朵、觸覺等感官本來是用於感知外在世界，心容易在感知的過程中被外物引誘而牽引。

鬆開心知執著

想要讓心從感官慾望、永無止境的追求中解脫出來，最好的方法就是讓心不要去執著眼睛、耳朵所感知到的東西。

無止境的慾望追求

心一旦認可與執著好看的事物（如珠寶、美女、黃金等等），就會想要去追求它，有了一個還想要有第二個，心就陷溺在感官慾望的追求之中而停不下來。

回到生命的天真自然

唯有放下心對於感官慾望的滿足與追求，心才能夠恢復原本如同嬰兒一般天真自然的狀態。

心停止對感官慾望的追求與滿足

當心能從感官慾望的執著中跳脫出來，心就不會去追求好看的事物，並期望從中獲得滿足，這樣的心就能靜下來且恢復心原有的清明與靈動。

解消對相對價值標準的執定

人之所以會陷入無止境的追逐當中，是因為心去追求相對的價值標準而無法停止。相對價值標準是根據比較而來，隨時會變動。停止去追逐無止盡的慾望的方法，就是在心上鬆開對它們的執著。

美醜、善惡是透過比較而來

相對的價值標準是老子所批評的。相對的意思是說，這個價值標準是通過比較而來、因人而異的。世間的一切價值，如有無、難易、長短、高下、前後等都是透過比較而來，所以《老子》說：「天下皆知美之為美，斯惡已；皆知善之為善，斯不善已。」〈二章〉，即是指大家都知道什麼樣是美，醜就在這樣的認定之下相對出現了；換言之，大家都知道什麼樣才是善，不善就出現了。

在老子的看法裡，美和善是真正的價值，就像「道」一樣是整全不可分割的。然而當人們一對美和善下定義、制訂標準的時候，便形成了符合這套標準的就是美、善，不符合的時候就是不美、不善，這樣的美就不是真正的美、善，而是有條件的美、善。當人們用「我」心中美、善的標準去評斷天下人時，不符合我心中美、善標準的人，就變成了不美、不善，可是並沒有人願意做不美、不善的人，人我的對抗就由此而生。好比當我說西施是美女的時候，全天底下不是西施的女人就變成不美了，那勢必就會引來天底下所有女人的抗議，如此就等於和全天下的女人為敵了。

心知若執定在某個價值標準時，便會導致困苦

《老子》並不是要人們不要去區分是非、有無、善惡等價值，我們還可以有自己的價值判斷，只是不要陷入、沉溺，或以這套相對的價值判斷去要求所有的人，認為非得這麼做不可。

《老子》說：「五色令人目盲；五音令人耳聾；五味令人口爽。」〈十二章〉即是說人心很容易受到外物牽引，如被好看的顏色、好聽的聲音、好吃的食物吸引，而產生追逐，因此當人一執定在某種相對價值標準時，心很容易就會去追逐這個虛假的標準，不斷發展的結果，便導致生命陷落在這樣無止境的追逐當中，無法停止。如名與利是一般人追求的價值，古往今來，為了得到金銀財寶、名利權勢，不知發生過多少偷竊劫掠、傷天害理的事情，這些就是源自於無止境的追求，人生的困苦便是由此而來。

●為什麼要批判相對價值標準？

> 天下萬物，如花草樹木、蟲魚鳥獸等皆一體無別，
> 沒有美醜、善惡、有用或無用的分別。

心對事物做出價值判斷：
當心在認識萬物時，也在對它們做出區別。

當心執著事物的定義和判斷標準時，就會把它當成是唯一
的真理，用此標準去衡量天下萬事萬物。

  當人們將美定義為「身材窈窕的女性」時…

符合標準	不符合標準
只有身材窈窕的女人才美，而且與其相關的事物也是美的。	身材肥胖的女人因為不符合「美的標準」而一無是處。
產生問題	**產生問題**
容易造成社會不公，繼而造成紛爭。	落入相對的價值區分中，漠視個人的獨特性。

> 就算我耍心機害人，大家也都站在我這一邊，因為我是美女。

> 我平常喜歡照顧流浪動物，但大家都只看到我的體型，看不到我的內在。

是非價值標準根據成心而來

　　人一旦擁有身體之後，心就會被這個身體所限制住，人們僅能通過感官知覺來認識外在事物，而眼耳能看到、聽到的範圍也是受到身體的限制，這就是《莊子》說的：「一受其成形，不亡以待盡。」〈齊物論〉隨著形體從成長至衰老的變化，心也逐漸變得僵化，所謂的「其形化，其心與之然」。心會去執著「我的身體」，並將這個「我」擴張到「我所擁有的一切物品」，人們的所思所想皆由自我出發，如什麼對我最有利、什麼是我想要的，如此勢必與別人的立場有所衝突，因為天下第一只有一個，而人人皆想要爭奪，所以就導致了「與物相刃相靡」（與外物、他人互相傷害），而這由我發展而來的一套判斷誰是誰非的標準就是「成心」。《莊子》說：「未成乎心而有是非，是今日適越而昔至也。」〈齊物論〉沒有成心而有是非的判斷，就好像今天預定前往越國而昨天已到了那樣，是不可能的，這是因為每個人心中都有一套判定誰是誰非的價值標準，就連最愚笨的人也不例外，所以成心是人人皆有。

摒棄成心，避免強化相對價值

　　心知執定美善、是非等相對價值標準，因而讓人的心被牽引出去，去追求人們所認可的美、認可的善。對於名利權勢、金銀財寶也是一樣，人們認為得到這些，就可以擁有天底下最大的幸福，所以用盡一生去追求。然而這些東西都會改變，天下第一首富不可能永遠都是天下第一，若是將生命的目標訂在這裡，就注定永遠無止境的追求，也會導致生命被困住。因此，要避免生命困苦的方法，《老子》說：「聖人處無為之事，行不言之教。」〈二章〉，聖人處事無心無為，不會為了追求特定的價值標準而為；同時，聖人也會施行「不言之教」，不會以言語教導世人，避免大家把聖人講的話當成規範來遵守，甚至以此規條去要求、評斷天下人的行為，符合的就說是，不符合的就說非。當人們不對美、善、是非、仁義等一般人所認為具有正面意涵的價值下定義時，大家的心知就不會去執取、追求這些標準了。所以要避免生命陷入無止境的追逐中，就要解消心知對這些相對價值標準的執定，那麼心就不會受到外物的誘惑而被牽引出去，生命也就不會被困住了，最終就能得到真正的自由自在。

●「成心」如何形成？為什麼要解消？

人原本就有真心

心是人的生命主體，是生命最原始的樣貌，《莊子》稱為「真君」。「真」指沒有經過人為造化雕琢的，是人人本有的純真。

例 每個人剛來到這個世間的時候，都是天真自然的嬰兒，不會以價值標準去衡量人事物。

這是什麼呀？

心受到形體的限制而僵化

原本無限的真心受到形體的限制，並隨著形體變化而僵化。心知並對自己、乃至自己周遭的東西產生執著。

例 心知的執著從身體延伸到所擁有的東西，因此會「惜車如命」，把車子當成自己。

愛車是我的第二生命！

成心的形成

當每個人站在自己立場，為了捍衛自己的利益或尊嚴而互相傷害。此間評斷他人對錯（是非）的根據就是「成心」。

例 當車子被人刮傷，或遭到撞擊的時候，就會覺得別人在傷害「我」，大為憤怒。

明明撞人的人是你耶！

你為什麼過來撞我？

超越有限的成心，回歸本有的道心

只有透過在心上做修養的工夫，鬆開對事物的分別與執著，才能從成心的執著中跳脫出來，在有限的生命中體現無限的大道。

例 當鬆開執著後，便能了解到「我的車子」不等於「我」，即便車子受到損傷，也沒什麼好生氣的。

車子不過是個代步工具罷了。

老莊否定形式化的聖智仁義

儒家以正面角度，規範何為聖智仁義，並要人們努力實踐；老莊則重新審視人們所認為的聖智仁義，並思考如何做，才能實踐真正的聖智仁義。

老子為何說「絕仁棄義」？

儒家標榜聖智仁義，尤其特別強調仁義，將仁義視為人生在世行為的典範、準則；但《老子》卻主張「絕聖棄智」、「絕仁棄義」〈十九章〉。單從字面來看，老子似乎是絕棄、否定聖智仁義，《莊子》也說：「大仁不仁」〈齊物論〉，老莊似乎皆反對儒家所標榜的「聖智仁義」的正面價值，但實則為錯誤的理解。

《老子》「絕」、「棄」的對象並不是聖智仁義，而是人們對聖智仁義標準的執定。因為當人一說什麼是仁，就等於給仁下一個定義、訂一個標準。遵守者即說符合仁，不遵守者即說不仁，如此仁就在這種分別中被扭曲，而非真正的大仁。

由此可知，老莊真正的目的，並不是要否定「聖智仁義」真正的價值，而是要否定被僵化、形式化的聖智仁義，並要人們鬆開心知對聖智仁義標準的認可與執著，因為當人們的心知鬆開對仁義標準的執定後，真正的聖智仁義才會顯現出來。

從「禮崩樂壞」推衍出「聖智仁義」的形式化

為何老莊會批評聖智仁義，這是因為周公所制訂的禮樂制度在老莊所處的春秋戰國時期已漸漸崩壞，而崩壞的原因並非在制度本身，而在實施的人身上。

西周初期，周公制禮作樂，規定周天子有周天子的禮制，貴族有貴族的禮制，也就是藉由禮樂制度來規範君臣之間的主從分際，但後來有些貴族卻開始挑戰這套制度，僭用周天子的禮制，導致禮樂制度逐漸瓦解。

同樣地，聖智仁義最早也是好的，但人們在實踐聖智仁義的過程中，太過執著聖智仁義的標準，使得聖智仁義從原先的正面意涵，變成僵化、形式化的負面意識型態，並束縛了人們的心。

●對聖智仁義看法的根本差異

老莊看法

大道失廢 ➡ 才凸顯仁義可貴

當大道存於世間的時候，人人都能實踐仁義，便不覺得仁義有什麼可貴。只有當大道不行於世的時候，才要刻意凸顯仁義的可貴。

大道廢，有仁義。

慧智出現 ➡ 就有大偽產生

當人有小聰明時，就會有虛假、投機取巧的事情發生。

慧智出，有大偽。

孝慈出現 ➡ 代表六親不和

家庭之中若人人都父慈子孝，就無需標榜孝慈的重要性。只有當家庭之中大家都不和睦時，才要去彰顯出孝慈的可貴。

六親不和，有孝慈。

忠臣出現 ➡ 表示國家昏亂

國家太平之時，人人都是忠臣，忠臣並不特別。只有在亂世之時，才會顯出忠臣的可貴。

國家昏亂，有忠臣。

儒家看法

有仁義 ➡ 才能立大道

仁義是正面的價值，是人性本有的，所以人應當依循自己的本性，將仁義視為行為的典範、大道的根本。

有慧智 ➡ 才能破大偽

有智慧的人知道審時度勢，才能看出陰險詭詐的事情。

有孝慈 ➡ 家庭才和睦

儒家認為有孝慈，家庭才會和睦，因而宣揚孝順父母、友愛兄弟為正面價值。

有忠臣 ➡ 國家才不亂

忠臣可以拯救國家的昏亂，讓國家走上太平之治。

仁義　慧智　孝慈　忠臣

大道失廢時，才有仁義的出現

　　儒家認為仁義、忠臣是正面的意義，仁義是發自人內在本有的良心，落實到具體生活時變成行為的依據，有仁義後，才會出現大道；但老子則認為，仁義、忠臣是在大道失廢後才會出現，因為在太平之世，人人都奉行仁義、人人都是忠臣，根本無須去強調。只有在國家昏亂、小人當道之時，才需要標榜忠臣，以凸顯出忠臣的可貴；只有在大家都不行仁義時，才會顯出仁義的可貴。這就是《老子》所說的：「大道廢，有仁義……國家昏亂，有忠臣。」〈十八章〉

仁義既為人的本性，又何須標榜呢？

　　忠臣、仁義原本是正面的意義，但老子認為，一經人們規定什麼是忠臣、仁義之後，就變成是一種教條式的行為準則，而非真正的忠臣與仁義。如將愛國的標準定在能為國家捐軀，那豈不是說，在戰亂時只要「臨難一死報君王」就是愛國，而思考如何解決國家困境、沒有為國捐軀的人，就不愛國了？

　　在《莊子》中有一則寓言，說孔子想把自己編修的聖賢書藏於周王室，便去拜訪掌管周王室圖書的老聃，因而展開一段儒道的經典對話。這則寓言的真實性不得而知，但在其中卻明確表達出儒道對於仁義的不同看法。以孔子為代表的儒家，認為仁義是人的本性，人之所以為人的根本，更是人的行為準則，所以必須時時標榜仁義，提醒世人，才能讓大家都遵循仁義。而以老聃為代表的道家，則認為如果仁義是人的本性，那麼只要讓人順著本性去發展就可以，根本不必倡說仁義。過分的提倡，反而會讓人的心去執取仁義的標準，進而以此標準去衡量每一個人，這樣仁義不僅會被扭曲，還會對別人造成傷害，就像是敲鑼打鼓尋找丟失的孩子一般，只是在擾亂人性而已。因此標榜仁義，反而是多此一舉。〈天道〉

●儒、道家有不同的生命情調

儒家

真正的自由是……

隨心所欲，
不逾矩。

道家

真正的自由是……

復歸於嬰兒。
見素抱樸。

禮

- 藉由禮樂進行教化。
- 恢復禮樂，肯定禮樂的正面價值。
- 依階層、地位行禮，畫分社會秩序。

在一定的框架中追求自由的最大化。

從外在找尋心靈的自由！

反

- 藉由內心修養工夫來追求自由。
- 不要刻意做什麼，隨順萬物發展。
- 不要任何框架。

解消任何執著，完全沒有框架限制。

反求諸己，從內心追求自由！

出世

為現實社會服務。為人們找尋一條穩定的道路。

出世

不被外在規範所限，在心靈追求自由。

入世

為解決當時問題所發，可應用於社會、政治

致虛守靜，返回生命的原始

老莊認為人生困苦的根源來自於我們總在追求無止盡的慾望，然而人的生命是有限的，慾望無論如何都不可能得到滿足。所以老子提出以「致虛守靜」為主的修養工夫，以解決人生困局。

「致虛守靜」是老子修養工夫的核心

人因心知去執著外在的價值標準，而產生種種的痛苦。要解決這種痛苦，就要藉由老莊的修養工夫，讓生命提升至「道」的境界。

老子的修養工夫簡要來說，就是「致虛守靜」。《老子》說：「致虛極，守靜篤，萬物並作，吾以觀復。」〈十六章〉鬆開心知對相對價值標準的執定，讓心不充滿對外在物質價值的慾望，就好像把心清出一個空間一樣，這就是「虛」。當「虛」的工夫做到極致，心不去追求外在的相對價值標準，自然就能「靜」下來。當守靜的工夫做到篤實，那麼萬物都能在這種虛靜心的觀照下自生自長，而能返回其生命最原始的天真自然。若能如此，則人人都不會爭名逐利，內心也不會感到悲傷失落，就能回歸生命的自由自在，這就是老莊所嚮往追求的「道」的境界，也就是「致虛守靜」所達到的效果。「致虛守靜」的原理，就是將心清空，不去執著與追求相對的價值標準，而使心「靜」，並讓生命回歸最素樸的狀態。

讓自己的光芒柔和不傷人，與萬物回歸塵土

老子還有一個修養工夫，即「和光同塵」，出自《老子》：「挫其銳，解其紛，和其光，同其塵。」〈四章〉「光」指光芒，亦即人的長處，如果我們常常把自己的優點放在心上，到處炫耀，就等於拿著自身的光芒去傷害別人。同其塵，就是不以自身的光芒去傷害別人，不想要處處高人一等，就不會展露自己的才華讓自己鋒芒畢露，讓自己看起來平凡無奇，則人人都會願意過來親近，因為這樣的人是不會帶給別人壓力與負擔的。整句話的意思是說，挫掉自身的銳利，解開人與人的紛擾，讓自己的光芒柔和不傷人，像塵土一樣平淡無奇，才不會招來別人的嫉妒與傷害，讓心不在人世間追名逐利的鬥爭中受傷。

「和光同塵」的原理其實與「致虛守靜」相同，都是要人們解除對相對價值標準的追求，直至達到生命最素樸的狀態，也就是最原始的自我。

●「致虛守靜」修養工夫流程

我的修養工夫,可以這兩句話為主:
致虛極,守靜篤,萬物並作,吾以觀復。〈十六章〉
挫其銳,和其光,解其紛,同其塵。〈五十六章〉
兩者一體兩面,簡言之就是以下做法:

將心清出空間

- 讓心虛空,清出一個空間,並將這個工夫做到極致,使心不執定任何事物。
- 尤其當過分凸顯自己的才能,光芒畢露,就會容易刺傷別人,帶來紛爭。

讓心清靜

當心不執著於任何事時,就不會被牽引出去追求虛幻的名利權勢,而能「靜」。將「靜」的工夫做到篤實。

和光同塵

不執著於自己的榮耀(光芒),讓自己像塵土一樣樸實,將光芒留給他人,天下便無紛擾,即「後其身而身先」。

實現萬物

做到「和光同塵」後,就能如同道的「不爭」般,讓萬物以自己的方式實現自我,此即「無為而無不為」。

在心上齋戒，保持清明

《莊子》不僅繼承《老子》的「致虛守靜」，更將「虛」、「靜」這兩個工夫層次拆解說明，「虛」就是「心齋」；而「靜」就是心如明鏡般的照現天地萬物。

「坐馳」是心知的執著與追逐，解決的方法是「心齋」

《莊子》認為，當心執定是非、善惡、美醜的標準後，心就會去追求它。例如人通常會認為擁有財富是幸福的，便會不斷地去追求金錢，有了一百萬，還想要有兩百萬，有了兩百萬，還想要有一千萬。心知慾望永遠無窮無盡，即使坐著不動，心知對於名利權勢的追逐還是奔馳不止，稱為「坐馳」。

解決坐馳的最好方法，就是將想要追逐私慾的心放下，如放下想要得到名利權勢的心，那麼自然就不會去追求它，追逐的心也就因此能停下來。老莊的修養工夫都是在鬆開心知對名利權勢的執著，也就是「虛」的工夫，在老子是「致虛極」，在莊子就是「心齋」。

《老子》的「虛」即是《莊子》的「心齋」

老莊的第一層工夫是「虛」，莊子稱其為「心齋」。「齋」原本是指「齋戒沐浴」，就是在祭祀之前要淨身吃素。但莊子的「心齋」不是指身體上的齋戒，而是在心上做齋戒，使心能摒除物慾而回歸簡單樸實，保持心的清明。

人的心原本即有認知的功能，但在受到感官對外在物質的牽引後，心便產生慾望而開始汙濁，若是讓耳朵、眼睛僅發揮其最原始的聽、看功能，不讓心去執著於看到的東西、聽到的聲音，讓心就只要單純發揮認知的功能就好，將這整個接受外界訊息的過程單純化之下，就不會去執著於相對的價值標準，也不會去追逐它了。

「虛」的工夫也是一樣，心能「虛」一方面可以讓心清出一個空間，不讓我們的心裝滿了意識型態、名利權勢等價值標準的執著；另一方面，可以讓我們的心有空間去容納各種不同的價值觀，更能去接納和我們不同的人事物。

● 莊子如何延續老子的修養工夫

老子的修養原則

致（虛）極 ＋ 守（靜）篤

莊子的修養做法

心齋

氣也者，虛而待物者也。唯道集虛，虛者，心齋也。
〈人間世〉

給出一個空間，順著外物應對，這就是氣。只有道是虛的極致。虛，就是心齋。

＋

用心若鏡

至人之用心若鏡，不將不迎，應而不藏，故能勝物而不傷。
〈應帝王〉

至人的心像鏡子一樣，不將就不迎接，來什麼就照現什麼，沒有偏好也沒有選擇，只是順應外物來觀照它，所以心不會被外物所傷害。

心齋是「致虛」的實際做法。
虛靜了，才能如鏡子一樣映照萬物而不傷己。

心能靜下來，就能觀照萬物

當心能回到樸實單純，就能清出一個空間，而不會去執著相對的價值標準，如此就能進入老莊工夫的第二層次「靜」。

莊子不只講「靜」而已，他更在老子「靜」的基礎上，認為人們的心透過「虛靜」的修養，可以有觀照萬物的能力，所謂「觀照」就是心像鏡子一樣，可以照現一切映入鏡中的對象。鏡子因為中間是透明的，而能映照萬物；心的「虛」就相當於鏡子的透明，不執著特定的觀點，才可以包容各種不同的觀點。能體現這樣境界的人就是「至人」，此即「至人用心若鏡」。

鏡子之所以能發揮照現對象的功能，除了要透明（虛）之外，還必須要能「靜」，如同水在流動的狀態中是無法觀照萬物的，只有靜止的水才可以，這就是莊子說的：「人莫鑑於流水，而鑑於止水。」〈德充符〉這是以水來比喻人心執著與鬆開的兩種狀態，人的心若是執著相對的價值標準，如名利權勢、是非善惡，心就會如流動的水一樣紛擾；但若人的心能夠鬆開對於相對價值標準的執著，不會去追求它，則心就像止水一樣能靜下來。心能靜止，就可以和止水一樣發揮觀照萬物的功能，讓萬物自身的價值通過我「虛靜心」的觀照如實的顯現出來。

心要「靜」，就要先能「虛」，心不執著特定的價值標準是「虛」，不去追求特定的價值標準就是「靜」。通過「虛」與「靜」的工夫所達到的主觀心境就是「虛靜心」，唯有心能「致虛守靜」才能讓人世間一切的紛擾停止，這就是「唯止能止眾止。」〈德充符〉

超越形體生命的有限，達至心靈的自由自在

前述人有成心，是因為形軀是有限的，人會有生老病死的變化，而心對身體的執著會讓我們擴大到所擁有的一切物品，覺得我所擁有的一切都是我的，別人若想侵占、破壞就是侵犯到「我」，人與人之間的敵對、互相傷害由此而來。

為解決這個困局，莊子在〈大宗師〉中提出「坐忘」，既然問題是從我執著於我的形軀而來，那麼要解決這個問題，也應當從鬆開我對我的形軀的執著開始。莊子說：「墮肢體，黜聰明」，鬆開我的形體的執著，讓心不去執著耳目所看到事物、聽到的聲音，讓耳目僅僅發揮耳聰目明的功能，則心就不會被外在的誘惑牽引出去，這是「坐忘」的第一步。第二步是「離形去知，同於大通」，鬆開心對形體的執著還不夠，還得要去掉心知對一切價值

標準的執著才行，這樣才能讓主觀心境提升至「道」的層次。〈大宗師〉

如此一來，雖然人仍然無法擺脫形軀的有限，但至少我們可以讓心從形軀的有限性中超拔出來，讓心可以獲得自由，這就是莊子說的：「乘物以遊心，託不得已以養中。」〈人間世〉生命的有限是無法可解的，我們只能乘著有限的形軀，讓心遨遊在這人間世中；在形軀有限的不得已中，去存養我們的心，讓心不在與他人爭鬥之中，喪失了人所本有的自在天真。

通過心上的修養，回歸每個人的自在天真

依老莊的觀點，每個人來到這個世間上都是像嬰兒一樣天真美好，心不會執著於相對的價值標準，也不會以這樣的標準去衡量一切人事物，這就是老子說的「素樸」，莊子則是稱為「真人」。

然而在我們的成長過程中，心隨著形軀而漸漸變得僵化、執著，我們漸漸會以「成心」做為一切是非的判斷標準，我們天生本有的真心就在心的執著僵化中而逐漸喪失，這樣的心如冬日的寒冰一樣失去了生機，這就是《莊子》的：「近死之心，莫使復陽也。」〈齊物論〉若想要讓我們的心恢復本有的靈動、生機，勢必需要在心上去用功，這工夫就是「才全德不形」。

「才全」就是不讓事物的變化、人生的際遇，如生死存亡、窮達貧富、讚揚或詆毀，來干擾內心的平和，這樣心才能像春天一樣保有生機。「德不形」，就是不讓自己內在的德形之於外，不讓自己的優點成為傷害別人的利器，如此才能保有真正的「德」。這天真自然就是心絕對虛靜的狀態，鬆開對自我的執著，進而取消一切人我的分別對立，最後才能回歸心原有的天真自然。

●莊子修養工夫的應用

心齋

不讓心執著於任何價值標準，把心打掃乾淨，清出一個空間，就能隨遇而安。

喜歡喝咖啡嗎？

還是喜歡喝茶？

咖啡與茶都很好！

坐忘

解消心知對形體的執定，讓眼耳口鼻等感官只發揮其原本感知外物的作用，如此心就可以與大道相通，不被外界事物干擾。

才全

不讓世俗價值（如生死、貧富、褒貶等）攪亂平和的心，讓心保持虛靜，這樣心就會像春天一樣保有生機。

我還是愛我的小bike！

超跑

德不形

內心保持平和，不認為自己有過人才能，也不彰顯自己的才能（光芒），以免傷害別人，造成別人的負擔。

吾喪我

人的心靈大多受限於形軀的變化，要讓心靈超越身體、生命的束縛，鬆開對自我的執著，進而得到最大自由。

得其環中

車輪的軸心必須是空虛的，才能運轉。

我們的心也要像軸心般空虛，才不會受到外物牽引，產生相對價值標準。

至人
用心若鏡

鏡子來什麼照什麼，不以成見分別取捨。心也要像鏡子一樣，保持虛靜，對任何事都不將就也不迎接，才不會被外物所傷害。

回歸每個人最初天真自然的狀態

老子特別強調「返」的工夫，即要我們返回天生本有、如同嬰兒般的赤子之心，將心境回歸到嬰兒的無知無慾，這樣心才不會被外物牽引出去，而陷入難以自拔的追逐之中。

每個人都應當保有赤子之心

前述當人們解消心知對於相對價值標準的執定之後，就能讓心保持在虛靜的狀態，這樣的修養過程就是老子所說的「復歸於嬰兒」、「復歸於樸」〈二十八章〉。每個人一生下來都是嬰兒，嬰兒無知無慾，沒有是非、善惡、美醜的價值判斷。但當嬰兒逐漸長大，便漸漸有了價值判斷，對方在他眼中開始有了善惡、是非的分別。這時人已經離開原有的天真自然，心開始容納許多相對的價值標準，隨著心對這些相對價值標準的執定，漸漸的趨於僵化。所以老莊認為若能回歸嬰兒無知無慾的心境，就能從心知的負累中解脫出來，返回生命原有的自在天真。

老子的「反」在修養工夫上的意涵

《老子》中的「反」字可以有返回、回歸的意思，「正言若反」的「反」字也可以這樣解釋，如此一來，「正言若反」就不單只是指語言的表述方式，同時也隱含修養工夫的意涵，指通過返回心上做修養工夫，鬆開心知對相對價值標準的執著，才能將「正言」所表示的真正的價值意涵實踐出來，這實踐出來的價值就是「道」。老子所說的「返」就是回返人們的生命本真，即如同嬰兒一般無知無慾的心境，不使心受到外物的引誘而去追求外在的價值標準，導致陷入無止境的慾望追求之中。

解消對相對價值標準的執取，回歸素樸的生命

要如何才能讓心不被牽引出去，關鍵就在於八個字：「見素抱樸，少私寡欲。」〈十九章〉「見素抱樸」就是鬆開心知對相對價值標準的執著，如形式化、標準化之後的聖智仁義，以及投機取巧的巧利等等，而不去追求，就能夠回歸生命最原始、如嬰兒一般天真的樣貌。「少私寡欲」則不是要人們摒棄吃飯、睡覺等人類生存的基本生理慾望，而是要人們鬆開因心知對相對價值標準的執著所產生的私慾，如名利與權勢。

● 《老子》中的反字意涵

正言若 。

透過看似相反的字眼或句子，以表達正言（老子表達道的言說）的真正意涵。

⬇

返回心上做修養

除可用來解釋老子的文字表達方式，也可用來解釋若要在生命中實現合道的正言，就要透過返回人的心上去做工夫修養。

玄德深矣，遠矣，與物 矣，然後乃至大順。

道生萬物之後，與萬物一同返回其自身的生成作用中，讓萬物呈現整體的和諧。

⬇

返回生命的本真

人為造作會導致人心紛亂，產生邪淫妄作之事。只有無知無慾才能返本復道，復歸於樸，使人遠離人為造作，返回生命的本真自然。

有物混成，先天地生，……吾不知其名，字之曰道，強為之名曰大。大曰逝，逝曰遠，遠曰 。

有一個東西渾然一體，在有天地之前就已經存在了，這樣的東西我不知它的名字，姑且以「道」稱呼它，勉強說是「大」。道一往前行，愈行愈遠沒有止境，不管前進多遠總會返回它自身。

⬇

返歸其自身

「道」實現萬物的作用是不會消失、減損的。其關鍵就在於「道」有能返歸其自身的作用。

 者，道之動。

道之運行，就在於不管它走了多遠，總是能返回自身。

⬇

返回自身的虛無

「道」創生萬物之後，不能僵化在萬物之有中，必須返回自身虛無的本性。所謂虛無，並非空無一物，而是指沖虛玄德無限的妙用。而「道」之動，就在返歸其自身中顯現。

不斷減損執著，最終將會無為

無為就是無心而為，不以追求特定的相對價值標準為目的而為。想要做到無為，首先要能減損為學所帶來的心知執定與負累，從不斷減損的工夫中，去達到無為的境界。

解消為學所帶來的心知執定與負累

「為學」這個詞彙在現代是正面的「積極向學」之意，但在《老子》中，並不是學習知識的意思，而是具有負面的性質。

老子認為，人無時無刻都在「為學」，從認識世界開始，心知就對外在事物有了種種的價值判斷，例如是非、善惡、美醜、仁義等等，對這些價值標準的執著就是「為學」。我們對外在事物下判斷，進而執取它，就等於把這些價值標準藏在心裡，心裡的東西愈累積愈多，我們本有的天真自然便會逐漸消失。所以老子提倡的「道」的工夫就是「日損」，減損為學所帶來的心知執著，如此才能讓生命逐漸恢復原有的虛靜狀態。

無為是「無心而為」

不斷做減損的工夫，就會達到無為的境界。「無為」是老莊哲學中一個重要的概念，可以說是老莊思想的核心。

「無為」並不是說什麼都不去做，而是要我們無心而為。什麼叫做「無心」，就是解消追求相對價值標準的心，鬆開想要去追名逐利、爭奪天下第一的心。追求名利權勢這些外在的相對價值標準，就是有心有為，也就是人為造作。老莊認為，人生的問題是從有心有為、人為造作而來，如果不去認可天下第一是好的、是值得去追求的，那麼心就不會把價值標準訂在那裡，也就不會去追求它了。

若從道實現天地萬物這方面來看，無為，則能無不為。道之所以可以實現天地萬物，就是因為它無為，不去干擾、宰制萬物，所以萬物才能自生自長，就好比父母親不給孩子限定目標，要他非得怎麼做才可以，那麼孩子就有無限發展的可能，這就是無為而無不為。「無為」是透過修養在主觀心境所呈現出來的一個境界，「無不為」是指我不去干擾、控制對方，則對方就有無限發展的可能，就能按照他自己的方式實現自身的價值。

●無為而無不為

境界高

無為而無不為

不去干擾、控制萬物，給出一個空間，讓萬物自己生長。

例 小明的專長在做麵包，對讀書沒有天分。父母親應順孩子的長處去栽培，而不應強迫他接受一般世俗「唯有讀書高」的觀念，逼他去做他沒興趣也不適合的事情。

損之又損，以至於無為

● 一直在心上不斷解消心知對外在事物的分別、定執，直至達到無心無為的生命境界。

● 無為即是心而為，不以追求特定的相對價值標準為目的而為。

例 當我們鬆開了對「第一名」的執定，還是有可能會想成為「百萬名模」、「成功的企業家」、「全世界首富」等等，所以必須不斷去做心上鬆開的工夫，直到我們能放下對所有價值標準的執定為止。

為道日損

為道的路就是解消心知的定執與負累，是日漸減損的過程。

例 大家都要爭第一名，但第一名只有一個，其他沒爭到第一名的就會傷心失落。但若不覺得第一名有什麼過人之處，心自然就不會去追求它，而能獲得心靈上的自由自在。

為學日益

● 這裡的「為學」指的是知道事物，不限因讀書而獲得的知識。

● 隨著知道的愈來愈多，心知所執定的價值標準也愈來愈多，基於這些執定所產生的追求會帶給生命愈來愈多的負累。

例 成長過程中，我們不斷接受到社會所灌輸給我們的價值觀，如求學時想要當全班第一名，出社會後想當全台首富，我們的心知去執定它並追求這些價值標準。

境界低

「不爭」的處事哲理

一般人都想要爭第一，老莊卻從反面思考，認為天下第一並不是真正的第一，真正的第一是不與人爭，而將自己放在最後面，成全所有人的人。

後其身才能身先，外其身才能身存

《老子》中有許多和世俗觀點相反的思想，如「聖人後其身而身先，外其身而身存。」〈七章〉《老子》既然主張要將自己放在最不重要的位置，又為何會說想要站在最前面，就得先把自己放在最後面；想要讓自己免於殺身之禍，就要先置生死於度外？「後其身」變成是「身先」的手段，如此一來《老子》豈非變成了陰謀權術，教人陰險詭詐了嗎？

其實，這樣的思考模式，正是忽略了《老子》文句中「正言若反」的特性。若以一般人的角度來思考，全班最後一名就是最後一名，不可能變成全班第一；但從另一方面來看，正是因為我考了最後一名，所以成全了全班的同學。也就是說，因為我當墊底，而讓大家身先、身存，這也就等於我自己先、自己存了。因此，若以老莊角度來說的話，就是當我無心無為、不計較個人榮辱時，就可以讓別人通過我心中這面明鏡，去照現他自己、實現他自己的價值。

應用到現實生活，這句話是特別針對聖人，也就是治理百姓的人來說的。因為聖人要把自己的榮耀、尊嚴等等放在最後面，才能把百姓的權利放在最前面，就好像現在的政府官員，要為人民謀福利，就要能忍受別人的批評；又好比有的老師會以學生的利益為優先，下班後還幫學生輔導、處理學生的問題，反而犧牲了自己的私人時間。

因為自己的「不爭」，反讓自己站在最前面

不總是想要讓自己成為天下第一，就自然不會想要去和別人爭奪些什麼，這就是老子說的「不爭」。「不爭」是「道」的特性之一，也是老莊哲學中很重要的一個修養工夫，與前述「上善若水」中水有不爭的特性相似，「道」能生萬物就在於不爭，聖人能實現百姓也在於不爭。所謂「不爭」就是無心無為，我把自己的榮耀、尊嚴、利益統統放在最後面，這樣才能讓百姓、學生、天下人得以實現其自己的精彩，他們的精彩就是我的成功，所以我就能通過他們，讓自己站在最前面。

●「不爭」、「無私」才能成就自身

天地不爭

天長地久。天地所以能長且久者，以其不自生，故能長生。

〈七章〉

天地是長久存在的，天地之所以能長久存在的原因，在於天地沒有自己，所以能夠長久存在。

- 時間的長久會終止，天長地久中的「長久」不是指時間概念上的長久；而天地的長久則是超越時間的限制，是絕對的長久，因此天長地久是指天地是無限的存在。
- 天地指的是道。「道」沒有自己所以能實現萬物，也能夠長久的存在。所謂的「沒有自己」，並不是不存在，而是不以自己的存在而妨害萬物的存在。

聖人對天地（道）的效仿、學習

後其身而身先

把自己放在最後面，才能使自己站在最前面。

錯誤的理解

為了讓自己站在最前面，所以將自己放在最後，將這視為達成目的的手段，如此會變成有心有為的陰謀權術。

正確的理解

「後其身」是無心無為，把自己放在最後面，即是解消這個「我」，不要我的榮耀，才能成就別人的榮耀，這樣就等於我站在最前面一樣。

外其身而身存

把自己放在最外面，才能使自己存在。

錯誤的理解

了讓自己存在，才要把自己放在最外面的一種陰謀權術。

正確的理解

「身」就是「我」。把我放在最外面，解消對我的執定、對身體形軀的執定，如此才能使這個「身」、這個「我」得以存在。

非以其無私邪，故能成其私。

要無私，才能成其私。

錯誤的理解

認為「成其私」是自私的意思，解釋為無私的目的是要成就一己之私。

正確的理解

「私」即上句的「身」，也就是「我」的意思。整句話的意思是說，除非能做到真正的無私（沒有自己），才能成就自身。

「古之善為士者」即為「真人」

老子稱能體現道的體道之士為「古之善為士者」，莊子則稱為「真人」。《老子》認為體道之士所展現出的修養境界與道相同，而以比喻、描述的方式說明何為「古之善為士者」。

道之士「微妙玄通，深不可識」

老子的「致虛守靜」告訴人們要如何體道、悟道，但要修到什麼樣的程度，才能認定其為體道之人（真正能體悟道的人）？因為「道」無法以感官知覺來認識，也無法以語言來定義，所以體道之人同樣「微妙玄通，深不可識」，無法用語言來定義、認識，只能勉強用描述的方式來大概形容其模樣。「微妙玄通」的意思並不是說體道之人有什麼神通，而是說通過其「虛靜心」的觀照，使萬物實現它自己的價值，如老師不以自己的價值標準強迫學生接受，而是因材施教，讓每個學生都能朝向發揮個人潛能的方面發展。

體道之人如嬰兒一樣純樸，像山谷一樣虛無

而體道之人大致模樣為何？因無法一眼看穿，《老子》用比喻的方式來形容體道之士的人格特質，以讓更多人了解。

《老子》對體道之人的形容是：「豫焉若冬涉川，猶兮若畏四鄰，儼兮其若容，渙兮若冰之將釋，敦兮其若樸，曠兮其若谷，混兮其若濁。」〈十五章〉即是說他的性格就像在冬天渡過結冰的河川時那樣的小心警慎，對四周環境心存戒懼；但其心又像是即將融化的冰一樣充滿生機，靈動而非僵化，心性就像沒被人為加工過的原木一樣敦厚。心像山谷一樣寬廣，不執定於特定的價值標準，能提供一個空間，包容各種不同觀點。其處事態度就像去別人家作客一樣的嚴肅；但又像在賓主相待之中，客隨主便，由對方（主人）掌握主動權，不去控制對方，順應對方的行為。

靜中見清明，動中見生機

《老子》提到體道之士的修養工夫：「孰能濁以靜之徐清？孰能安以久動之徐生？」〈十五章〉當感官知覺在認識外界事物時，心容易執取所認識到的事物、觀點，進而去追逐這些相對的價值標準，如此心就會被牽引出去。而

●道 Vs. 體道之人的特質

	道的特質	體道之人的特質
妙	玄之又玄,眾妙之門。〈一章〉 解析 道給出一個空間,讓萬物以其自己的方式實現其自身。這種能讓萬物生生不息、自我實現的能力就是「妙」。	古之善為士者,微妙玄通,深不可識。〈十五章〉 解析 「善為士者」就是能夠實踐道的體道之人。他的心虛靜如鏡,別人可以通過他主觀心境的觀照下實現其自身。這種生命的修養之深,沒辦法透過語言清楚說明。
道	●有物混成,先天地生。〈二十五章〉 ●吾不知其名,字之曰道,強為之名曰大〈二十五章〉 解析 「道」是真實存在,但無法做為感官知覺感知的對象,亦不能以語言定義之,只能以描述的方式勉強形容。	夫唯不可識,故強為之容。〈十五章〉 解析 正因為看不清楚,只能勉強用語言來描述。
樸	●無名之樸,夫亦將無慾。〈三十七章〉 ●復歸於樸。〈二十八章〉 解析 「樸」原意是未經人為加工的原木,象徵道的自然無為,不以特定的目標而為,所以是無慾。	敦兮其若樸。〈十五章〉 解析 善為士者知無無慾,和道一樣自然無為,像原木一樣質樸。
谷	●谷神不死。〈六章〉 ●為天下谷。〈二十八章〉 解析 用「谷」來比喻道的沖虛玄德,道給出一個空間,讓萬物能夠自生自長。	曠兮其若谷。〈十五章〉 解析 落實在實踐上,善為士者的心就像山谷一樣空曠,能解消心知對價值標準的執著,其心可以容納各種不同觀點,而不以自己的價值標準去批判別人。

心在執著這些相對的價值標準時，心就變得混濁，失去了原有的清明，所以要做「靜」的工夫，鬆開對相對價值標準的執定，這樣才能讓心漸漸恢復清明。心能靜下來之後，就不會被外物牽引出去，我們的心不會陷落無止境的追逐之中，心就能在安定中逐漸恢復原有的生機。

想要保持這個修道的方法，關鍵就在於「不欲盈」，不能驕傲自滿，不要有點小成就自得意滿，四處拿出來炫耀。只有不盈，才能不讓修道所發出的智慧光芒成為傷害別人的利器。能做到這點，才能讓這個修道一直維持下去。

《莊子》中的真人具有三個層次

「真人」是莊子對體道之人的稱呼，要想理解什麼是「真人」，可以從三個層次來看。第一是鬆開心知對一切相對價值標準的執著。不以特定的價值標準做為衡量天下人的準則，此即「真知」。人們時常在是非價值判準的影響下，認為自己的見解是正確的、別人是錯誤的，因而堅持己見，提出違逆眾人的見解。真人則是不管別人提出什麼見解，他都能包容，這並非是說真人沒有自己的見解，只是他不會執著於自己的見解，非得說服對方接受不可。

第二是真人心知不去執著特定價值標準，也不會去追求外在的虛幻名利與個人私慾，因此白天思慮清明，無煩無惱，晚上也能一夜好眠，不會做夢，例如股票族整天擔心股票的漲跌，導致晚上睡覺時還在擔心盈虧，不易入眠，或睡眠品質極差；而真人的心是「虛靜」的，沒有這些煩憂，所以晚上睡覺時不會做夢，醒來時也沒有煩憂，不去追求味覺上的享受，呼吸也會很緩慢。

第三是能勘破死生之惑，了解生死不過是自然的過程而已，生的時候不會特別喜悅，死的時候也不會感到厭惡，即「安時而處順」，順其自然的去面對它。

●莊子真人三層特質

第一層

古之真人，不逆寡，不雄成，不謨士。若然者，過而弗悔，當而不自得也。若然者，登高不慄，入水不濡，入火不熱。〈大宗師〉

古時候的真人不會故意和眾人唱反調，也不會自恃功勞去控制對方，不需要耍些小手段，眾人自然會來歸附他。不會為做錯事感到懊悔，行為得當也不會覺得自得意滿。如果能夠做到這樣的話，登高處時不會感到恐懼，入水身體不會沾溼，進入火中不會感到炙熱。

- ●這裡講述的是真人的胸懷。
- ●真人不執著特定價值標準，並以包容的心正視每個人的觀點以無心自然待人接物。
- ●「登高不慄，入水不濡，入火不熱」，指心不喜不懼任何事，因此沒有什麼東西能傷害到他。

第二層

古之真人，其寢不夢，其覺無憂，其食不甘，其息深深。真人之息以踵，眾人之息以喉，屈服者，其嗌言若哇。其耆欲深者，其天機淺。〈大宗師〉

古時候的真人，睡時不會做夢，清醒時不會煩憂，吃東西不會講究，呼吸是很和緩的。真人是用腳跟呼吸，一般的人是用喉嚨呼吸。一般人心思紛擾，每天處在奔競爭逐的狀態中，講話呼氣都從咽喉發出，心思紛擾到連呼吸都很短促，慾望深的人，他的道心必然淺薄。

- ●以真人與普通人相較的方式，來凸顯出真人的不同。
- ●普通人因思慮複雜，慾望太多，因此白天用腦過度，夜時多夢。
- ●真人清心寡慾，所以無時不刻都沒煩沒惱。

第三層

古之真人，不知說生，不知惡死；其出不訢，其入不距；翛然而往，翛然而來而已矣。不忘其所始，不求其所終；受而喜之，忘而復之，是之謂不以心捐道，不以人助天。是之謂真人。〈大宗師〉

古時候的真人不會貪生怕死。順應生死，無所眷戀。生死皆忘，不去探求生死；不論遇到什麼事情都欣然接受，事情過了就忘記，不讓它在心裡留下痕跡，也就是說不以心去妨礙大道，不以人為造作違逆天意。這就是真人。

- ●這裡講述的是真人面對死亡的態度。
- ●真人順應自然的態度，對一般人害怕的死亡也無動於心，完全不會妨礙心靈的虛靜清明。

第 4 章

老莊如何看待政治

《老子》中有許多對統治者而發的政治論述。老子的政治哲學，簡言之就是「自然無為」四字。統治者應有聖人虛靜無為的修養，節制私慾、不擾民，才是老子心目中自然無為的理想政治。《莊子》雖然對政治的論述較少，但其政治思想與老子相同，都是主張在上位者應當以自然無為的方式，來治理天下百姓。

無為是老莊政治觀點的最核心

一般認為老莊是出世思想，不像儒家那樣以政治為取向。事實上，老子對政治的關懷十分濃厚，雖然道論多涉及抽象的形上學，但終極關懷還是如何將「道」運用在人生和政治上。

統治者是政治優劣的關鍵

《老子》成書大約在春秋戰國時期，當時各國之間戰爭不斷、大國兼併小國的事所在多有，因而造成社會相當混亂，因此希求解決當代問題的諸子百家紛紛興起。老子學說亦是針對時代弊病而發，只是道家提倡自然無為，加上道家代表人物在人們的印象中多是在亂世中退隱，表現出一種出塵脫世的氣節，因而使人產生一種什麼事都不需做的誤解。

事實上，老子哲學不但不是要人們什麼都不做，《老子》一書甚至對政治議題有諸多著墨，其中絕大部分是針對統治者而發。因為統治者掌握了人間最高權力，對社會有關鍵性的影響，要拔除積弊亂象，最具條件與能力的也是統治者。

「無為」是政治的最佳做法和結果

然而，統治者的私慾往往伴隨著權力而來，在「富國強兵」的目標底下，為了滿足自己的私慾，國君向人民徵收過多的稅賦、勞役，甚至不惜發動戰爭，造成百姓的痛苦，這些都是統治者的刻意做為使然。老子有感於人民的痛苦是因統治者的慾望而來，所以說：「道常無為而無不為，侯王若能守之，萬物將自化。」〈三十七章〉在上位者若能效法道的無為，不為了滿足私慾而做出一些諸如嚴苛賦稅、徵召勞役等干擾人民生活的事情，那麼萬物就能夠實現其自身，人民就能安居樂業，而這也是政治的最佳狀態。

《莊子》延續了老子虛靜無為的思想，認為統治者「順物自然而無容私焉，而天下治矣。」〈應帝王〉，讓人民以他們自己的方式生活，統治者亦不為了一己私慾干擾人民，則天下可得治。這點與前述老子的無為無不為可說是同出一轍。

● 莊子對做官的看法

看法1	看法2
當官比不上精神的自由	**為保全性命而不願為官**
從楚王禮聘莊子，與惠子懼怕莊子會取代自己的宰相之位，可見莊子確有出仕之才，但莊子因嚮往精神生命的自由自在，而不願被官職給束縛住。	莊子認為處於亂世，社會仕途可能亦相當險惡，若出仕為官，可能會危害自己的生命，因而選擇不出仕。

莊子以祭祀的牛比喻做官的人

楚威王差遣使者拿著厚金來找莊子，想要迎他做楚國宰相。

 做官的人就像一頭養尊處優，但最後卻披著華服、等著被宰殺獻祭的牛。我寧可當一隻在污沼中自在遊玩的豬，也不要受國家羈絆。

莊子的政治態度

以污沼中的烏龜比喻不做官的人

莊子在濮水垂釣，楚王派遣使者來找他，希望將國家託付給他。

 楚國有一隻三千歲、死後卻被供奉在廟堂的神龜。如果我是牠，我寧願在泥巴裡爬。

將惠子比喻為貓頭鷹

莊子到梁國，宰相惠子誤以為莊子要來取代他，不斷搜查莊子的下落。

 南方有一種高貴的鳥叫做鵷鶵，吃喝都非常高級。吃腐爛的肉的貓頭鷹竟然還會怕鵷鶵來跟牠搶食。

政治應該依循「道」來作為

老子的政治哲學以道論做為基礎，認為落實到政治時，統治者應解消其對權力慾望的野心，不以威權統治的方式宰制人民，如此人民就能回歸樸實，過著安居樂業的生活。

統治者應效法道，不去干擾人民生活

老子政治哲學最大的特色，就在於以「道」做為政治哲學的基礎。「道」生（實現）萬物的方式，就是不控制、不宰制，給出一個空間讓萬物以其自己的方式自生自長。同樣地，統治者也應該效法道，解消自己的私慾，鬆開自己對權力慾望的執定與追求，讓人民可以自在發展而不會受欺壓，社會可以和諧發展而不會讓人民走上街頭抗爭，只有這樣，才是真正為百姓做事，謀取福利。

老子認為，萬物有自生自長的特性，因此無須特別做為，也能自我發展、自我實現，人民亦同，如一顆種子種在泥土裡，即便沒有人為的灌溉、照料，也能夠自己生長。因此統治者無須干擾人民的生活，亦不用手段控制人民，人民就能夠在自己的家鄉安居樂業，過著幸福的生活。真正造成人民生活的困擾、痛苦，反而是統治者的過度造作，如過度徵召兵丁進行大規模的戰爭或建設等，所以「道」萬物的方式，就是給出一個空間，不去干擾萬物的生長。

統治者需具備無為的修養

要在實務政治中實現「道」的理想，需仰賴統治者自身的修養。統治者必須能夠真正認識道、實踐道，使自身具備聖人的修養，才能夠將道展現在政治實務中。而聖人的修養就是「無為」。所謂的「無為」並非指無所事事，整天什麼事都不去做，而是不要為了鞏固權位、滿足個人野心等私慾而任意做為。

戰國時期，各國之間征戰頻繁，國君不僅向人民徵收嚴苛賦稅、還逼迫人民披甲上戰場，此類罔顧百姓權益與性命的政策、做為層出不窮。在老子的眼裡，戰爭、殺人是國君最下等的統治方式，是萬萬不得已時的手段。而不時向人民施行嚴政苛稅，用盡任何手段去控制人民的君主都是「有心有

● 統治者應是實踐「道」的聖人

道	聖人

何為道？

- 具有沖虛之德。
- 形上的道體：超越一切有形具體事物之上的存在。

何為聖人？

- 能夠在生命中實踐道的人，即體道之士。
- 老子在講述政治哲學的相關篇章中所指的聖人是統治者。

道實現萬物

不宰制、不控制天地萬物，給出一個空間。

王弼《老子注・十章》：「不禁其性」、「不塞其原」。

不禁止萬物的本性、不堵塞萬物的本原。

統治者讓百姓自我實現

- 統治者治國應當效法道，以不宰制、不控制人民的方式來治理國家。
- 統治者要解消自己對權力、尊嚴、私慾的執定，才能真正為百姓做事。

萬物的對應

王弼《老子注・十章》：「則物自濟」、「則物自生」。

萬物本來就有自生自長的能力，道生萬物的方式就只是給出一個空間，讓其自生自長而已。

百姓的對應

人民本來就有自給自足的能力，只要統治者不常常施行暴政擾民，那麼人人都能過著安居樂業的生活。

為」，所存的心是私心私慾、所做行為是侵擾妨礙人民，不符合大道的負面行徑。相對於此，符合大道的做法是無為，不因為私心私慾侵擾妨礙人民，這才是真正為百姓著想，為百姓謀求福利的政治價值與做法。

符合道，就能以無為得到治理的效果

《老子》說：「以正治國，以奇用兵，以無事取天下。」〈五十七章〉即以正道治國，反而會引起各諸侯國間兵戎相見，需以無為的方式治理天下，才能得到天下人的信服與認同。「無事」即是「無為」，也就是統治者不刻意做為，解消了自身對於名利權勢的執定，以百姓的需求、國家的利益為優先考量、拋開個人的榮耀、尊嚴、慾望、利益等等。

為什麼「無為」能得取天下，而標榜禮樂教化的正道卻反而會引起各諸侯國揭竿起義「以奇用兵」的反效果？這是因為在上位者愈是想凸顯禮樂教化的重要，在下位的臣民就愈會以投機取巧的方式走法律漏洞，或以其他狡詐的方法來符合國君所謂的「禮樂制度」，如此天下必然大亂。所以只有通過統治者在心上做虛靜的工夫修養，不制定法律來約束人民，不標榜美善引起人民群起效尤，如此人民才能過著質樸卻富足、安然而自在的生活。

老子的虛靜無為在後代被錯用了

老子主張由具備「道」的內涵的聖人出任統治者，行事做為要虛靜無為，不宰制人民，讓百姓順性自在、安居樂業，這樣就能達到治理的目的。但後代集法家大成的韓非認為，聖人百年難得一見，但國家無法一日無領導人，若聖人才能治理國家，那麼老百姓早在找尋聖人的過程中，被名利薰心的統治者、巧取豪奪的社會亂象折磨得水深火熱、永無寧日。韓非因而以君主的角度出發，提出國君反而應該緊握權力，充分善用賞、罰兩項利器，並將老子的「虛靜」轉化為控制臣下的手段，國君以虛靜自處，不能透露自己的喜好讓臣子知道，但臣下在想什麼國君都必須要一清二楚，走向以極端的手段控制人民。由此可知，韓非援引老子的用語，但目的是表達自己的思維，甚至完全背道而馳，絕非體現老子的原意。但這樣的錯用，法家最後卻幫助秦統一六國，形成今日中國的版圖雛形，致使老子的觀點至今仍經常被誤解成為替統治者的權力做嫁。

● 聖人的治理方式有何效果？

善為道者
（統治者）

人 民

 特徵1 **不尚賢**

君主不崇尚賢德的虛名、標準。

民不爭

人民便不會去爭奪賢德的虛名。

特徵2 **不貴難得之貨**

君主不特別重視珍寶。

民不為盜

人民就不會去偷盜，用不法的手段來取得珍貴的寶物。

特徵3 **不見可欲**

君主不表現出自己的慾求、意圖。

民心不亂

民心就不會為了討好主上，而心亂操煩，沒有停止的時候了。

是以聖人之治，虛其心，實其腹，弱其志，強其骨。

- 虛掉自己執定名利權勢、尊貴地位的心。
- 削弱想要奪得天下、滿足私慾的意向，回歸生命的自然。

- 人民不會因滿足君主的慾望而做出狡詐之事，犯罪行為便不會氾濫。
- 人民無需擔心害怕，可以安心度日、靠自己的雙手謀生。

為什麼國君要實行無為的政治？

國君如果能解消私慾，體貼、順應人民的需求，那麼在上位者便不會與人民相衝突，人民也不會反抗統治者了。總和國君應實行無為政治的理由，大約可以歸納為下列三項：

統治者與人民因期望不同，而時常發生衝突

　　歷代以來，人民所發動的革命、動亂，往往可歸咎於統治者和人民的期望不一致所引發的衝突。統治者往往在國家現有的規模上，還想繼續擴張、以得到更高的權勢與地位，以受萬民景仰，壯大自己的權威；但下層人民需要的，往往只是三餐溫飽、穩定平安的生活，也因此一旦統治者與人民的期望不一致、統治者又對自己的期望有過多做為的時候，就很容易導致人民暴動。如隋煬帝接連對邊疆高句麗等地發動戰爭，又在各地大修宮殿，除造成大量財力資源的消耗外，更造成人民死亡、土地荒蕪，農村缺乏勞動力，經濟衰退，導致隋朝末年爆發以農民為首的動亂。因此《老子》說：「民之難治，以其上之有為。」〈七十五章〉人民會難以管理，是因為統治者從自己的私慾出發，罔顧人民的生死與需求，人民只好走上街頭群起反抗。

給人民不受侵擾的生存空間，才能長治久安

　　《老子》說：「治大國若烹小鮮。」〈六十章〉治理國家就好像烹煮小魚一樣，煮小魚時，若時常去翻動它，那麼魚就會煮爛；在治理國家時，若過度擾民，頒布過多的法令、徵收過多的賦稅、時常徵召男丁到戰場打仗或服勞役等，那麼人民便無法安穩生活，因此國君應該要給人民一個生存空間，而非運用君權去控制人民，如此人民自然而然就能自給自足、安居樂業，此即「聖人亦不傷人。」〈六十章〉。當統治者不傷害人民，人民也不會群起反抗時，就能讓人民回歸到原有的天真自然。

將自身託付天下的人，才能把天下交給他

　　《老子》說：「何謂貴大患若身？吾所以有大患者，為吾有身。及吾無身，吾有何患？故貴以身為天下，若可寄天下；愛以身為天下，若可託天下。」〈十三章〉老子認為，可堪天下任者，是先解消自己對寵辱看重的

人，因為他們的心沒有被這些世間所追捧的價值標準填滿，一無所求，便可真心為這個國家好。他們將自己託付給這個國家，並具非常重視、珍視這件事，如此便可將天下寄託給他。若是國君有所追求，金錢、美色、權威，便會用盡一切心力，只為取得自己想要的，如此便會為人民帶來痛苦。因此，一個沒有執著、不求利益，全身心獻給這個國家的統治者，才會真正為人民著想，也才能將天下給他，他才是真正適合這個國家的人。

●統治者為何要解消慾望

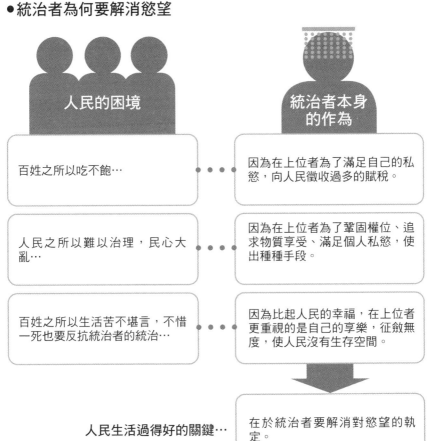

人民的困境	統治者本身的作為
百姓之所以吃不飽…	因為在上位者為了滿足自己的私慾，向人民徵收過多的賦稅。
人民之所以難以治理，民心大亂…	因為在上位者為了鞏固權位、追求物質享受、滿足個人私慾，使出種種手段。
百姓之所以生活苦不堪言，不惜一死也要反抗統治者的統治…	因為比起人民的幸福，在上位者更重視的是自己的享樂，征斂無度，使人民沒有生存空間。
人民生活過得好的關鍵…	在於統治者要解消對慾望的執定。

無為政治是一種愚民思想嗎？

老子的無為政治主張因有「無知」、「愚」等字眼而易遭人誤解為是愚民思想，但其實老子是要人們鬆開心知對於特定價值標準的執著，如此可使狡詐等行為不生，人民回歸原有的天真純樸。

「無為」之下，使百姓無知無慾

老子在政治上主張「無為」，即在上位者只要放下自己對賢才、珍寶等的私慾，百姓便不再有相互競逐或是追名逐利等迎合君主的做為。而在「無為政治」這個架構下，《老子》更提出具體做法：「虛其心，實其腹，弱其志，強其骨。」〈三章〉，認為只要使人民不要有過多物慾，達到生理最基本的需求，如三餐溫飽、增強其筋骨，最終就可以「無知無欲」，如此的話「智者不敢為也」。

單單從字面上來看，讓人覺得老子主張人民只要衣食飽暖、身體強健即可，最好讓人民「沒有知識」、「沒有慾望」，乃至「使聰明的人不敢有主張做為」，因為「民之難治，以其智多」，人民一旦有智慧，君主要治理起來便會相當棘手，因此「古之善為道者，非以明民，將以愚之」在上位者只要讓人民不具智慧，使其受君主支配，如此便是「善為道者」。但這種愚民之治，究竟是否為老子政治思想的真意？

老子並非愚民思想

老子思想絕非愚民思想，「常使民無知無欲，使夫智者不敢為也」〈三章〉、「古之善為道者，非以明民，將以愚之。民之難治，以其智多。」〈六十五章〉中的「無知」、「無欲」、「智」、「明」、「愚」皆是具正面意涵的反義詞，「智」、「明」指的是投機取巧、善用心機，「愚」指的是天真純樸。這兩句話的意思不是要讓人民沒有知識，而是要讓人民鬆開對金錢、慾望等特定價值標準的執著，如大家都想要更多的錢，偷搶拐騙之事便時常多有，社會治安也因而敗壞，若鬆開對它的執著，人們便不再去貪求，如此一來，好耍心機、善於投機取巧的人就不敢輕舉妄動、也無從做為，國家自然就能長治久安，呈現出人民以強健之身，實實在在地賺取生活所需，而在樸拙簡單的生活中獲得心靈安穩滿足的平和樣貌。

●無為政治的正確解讀法

> 聖人之治，虛其心，實其腹，弱其志，強其骨。常使民無知無欲。使夫智者不敢為也。
>
> 〈三章〉

> 古之善為道者，非以明民，將以愚之。民之難治，以其智多。
>
> 〈六十五章〉

誤解

- 聖人的政治，就是減少人民的慾望、填飽人民的肚子、虛弱人民的堅強心志、精實他們的身體就好。
- 讓他們沒有知識、沒有慾望，這樣有智慧的人就不敢有做為。

- 自古以來善於統治臣下的人，都不是讓人民擁有智慧及自我思考的能力，而是愚弄人民，好讓人民甘受君主支配。
- 因為人民一旦有智慧，君主要應付龐大人民，就會不好管理。

正解

- 一個好的統治方式，是要讓人民解消對一切外在金錢物質的慾望，並使人民衣食飽暖、身體強健，讓他們能夠靠自己去賺取所需，而不需仰賴政府供應。
- 鬆開人民對物質慾望的追求，是要讓他們能滿足於現狀，如此投機取巧的人就不敢有做為，狡詐犯罪之事也不再有。

- 若讓人民執著於追求外在金錢物質的價值標準的話，人民就會走向權謀算計的方向。
- 若人民善於投機取巧、鑽法律漏洞，那麼這個國家就會難以治理。
- 因此一個善於統治者，是會讓人民鬆開對名利權勢等物質慾望、讓人民回歸原有的素樸天真。

開展無為之治的明王之治

承繼老子思想的莊子，藉由多則政治寓言故事，將老子的政治思想做更進一步的開展與完善。如針對老子的「無為之治」提出「明王之治」，以及反對以制度化的「經式義度」來治理天下。

「明王之治」就是無為

　　莊子承繼並發揚老子的思想，使言簡意賅的老子思想得以完善，並與現實生活的連結更為具體。其中針對老子的「無為之治」，莊子藉由楊子居向老聃問學的寓言發展出與其相應的「明王之治」。故事中楊子居問老聃：「有一個人堪為棟樑，其智慧之光照遍萬物，又學道不倦，這樣的人可以和明王相比嗎？」老聃回答：「這樣的人頂多是學有專精，但心卻被外在知識、專業技能給束縛住。如同虎豹因鮮豔紋路而易遭獵人追捕，猴子與狗因靈敏與善於追捕而被人捉去馴養，這樣的人能與明王相比嗎？」楊子居再向老聃請教何為明王之治，老聃說真正的明王之治應該是「明王之治，功蓋天下，而似不自己，化貸萬物而民弗恃；有莫舉，使物自喜；立乎不測，而遊於無有者也。」即明王不施行特定政令，讓百姓順應本性而成就其自己，因此明王雖有功於天下，但人民卻無法指出其實質政績來。這點呼應老子「太上，下知有之」的最好政府型態，也就是人民僅知其存在、而不擾人民過平靜生活的政府。〈應帝王〉

莊子反對國君以仁義制訂法度

　　老子的「非以明民，將以愚之」可解釋為國君不應制訂禮法制度或是標榜仁義來約束人民，而應以不干擾、不造作的方式來治理百姓，《莊子》的「經式義度」寓言故事亦可應證這個思想。故事敘述日中始主張一國之君要以仁義制訂法度來約束人民，如此人民就不敢不聽從教化；但莊子化身的狂接輿認為仁心人人本有，人們自然而然就會想依循仁義行事，如孝順父母、見人有難拔刀相助等，這就如同鳥與鼷鼠遇到危險時知道要如何躲避禍害那般自然，因此無須以仁義來約束並教化人民，更何況統治者若將仁義制訂為法度，便是為仁義設一個標準，使人的心知去追求，導致仁義產生扭曲，或是人們為了自身利益使一些手段、小聰明趨利避害，反而使得國家愈治愈亂，這就像是在大海裡鑿河、讓蚊子背著大山一樣，都是騙人的。〈應帝王〉

●莊子的政治理想

有虞氏（堯舜）

蒲衣子說有虞氏因「猶藏仁以要人」（以仁心來服人）而得到人民愛戴。

有虞氏因不脫仁義禮智的價值標準而不夠好。

經式義度

肩吾認為統治臣民，就是強迫人民接受自己的價值判斷，並以國君的威權推行，臣民莫敢不從。

萬萬不可，以「欺德」（違背德真正的價值）稱之。

嚮疾強梁，物徹疏明，學道不勌者

陽子居（楊朱）問老聃辦事能力強、看待事物準確透徹、學道有恆不懈的人，是否符合明王要件。

這不過是勞心勞神的小吏，並非明王。

以上都不夠好，真正好的政治應該是…

游心於淡，合氣於漠，順物自然而無容私焉。

心不執著特定價值標準，可悠遊於天地之間，無心無為可與天下人相合，順著萬物自然本性去治理百姓。

明王之治

功蓋天下而似不自己，化貸萬物而民弗恃。

有功於天下卻謙虛得不像是自己的，讓萬物實現自我、各得其所，但又不致讓其依賴。

正而後行，確乎能其事者而已矣。

身處正道而後實踐，確保每個人都能做好自己分內應做的事。

如何做為真正的一國之君？

老子認為國君之所以為國君，不是在於他制定了多少規範，而是在於他能夠放下身段，與民同高，並將百姓置於自身私慾之前，此外還要能承受一國的禍患，帶領臣民一同度過危機。

勤於政事 ≠ 制訂許多規範

　　一般認為，一個好國君應該是勤於政事，對下制定詳盡規範，明定人民可做與不可做的事，若有違反則應重罰。但老子認為，法令之所以誕生，其原始用意應是要杜絕偷盜等不良行為，以保障人民權益、維繫社會穩定。但事實上有些法令規章的制定與推行，卻是由來自統治者對某些特定價值標準的執著，或國君將法律當成壓制人民的方法，因此這裡的法令並非基於人民的需求，而是統治者用來達到統治目的、滿足自身慾望的手段。《老子》說：「法令滋彰，盜賊多有。」〈五十七章〉統治者規範許多法律，非但不能達到預防犯罪的效果，反而會讓人民為逃避處罰而想盡辦法鑽法律漏洞，反促進犯罪行為的滋長，或引發人民反抗，宵小之輩又趁機橫行，造成社會混亂、「盜賊多有」的情形。因此，不是制定愈詳盡的規範，就是一個稱職而又能受到人民愛戴的統治者。

能承受一國禍患，才是真正的君主

　　那麼要如何做才能成為一名成功的統治者，並得到人民的愛戴呢？老子說，首先要讓自己的心像水一樣柔弱，放下自己的身段，將自己與人民置於同一個高度上，不要認為國君天生就會受到人民的愛戴，更不要認為擁有國家就可以任意妄為，君主過度擾民的施政，只會招來人民叛亂，如此才能用人民的高度來看事情，了解人民的需要。只有當統治者不利用自己的權位來滿足自己的野心與私慾時，才能實實在在的為百姓做事。

　　其次，統治者必須像水一樣能承擔卑下。水處於卑下（低處）卻能養育萬物，又不會與萬物爭奪生存空間，具有類似道的特性。因此國君應效法水（即效法道）來治理國家，將百姓和國家擺在權威和野心的前面，以一人之身承擔一個國家的重責大任，審時度勢，因時變化，彈性治理國家，而不使人民有壓迫感；而當國家面臨危難時，又能帶領人民安然度過，如此才稱得上是真正的一國之君。若不能做到這些，國君的名號不過只是一個空殼而已。

• 成為真正一國之君的核心

法律

嚴刑峻法並非最好的手段。

原始目的
- 阻止或預防偷搶拐騙等犯罪行為。
- 維護人民應有的權益。
- 社會整體安定，人民安居樂業。

中途變質
- 滿足國君個人私慾，成為國君特有價值標準下的產物。
- 高壓統治人民、使人民噤聲的利器。

最終結果
- 人民為免除處罰而狡辯抵賴，造成社會風氣敗壞。
- 人民不堪其擾起身反抗，部分有心之人趁隙危亂，造成社會不安。

水

水具有如道的特性。

與民同高

君主認為國君之位可永久穩固，便任意奴役人民。但沒有一個欺壓人民的君權是可以長久維持的。

只有柔軟自己，站在與民眾同樣的高度傾聽人民的需求，行政才能長長久久。

承擔卑下

如同道一樣，雖承擔一國之重任，但態度謙和不擾民，讓人民不會覺得被壓迫，而能實現自我理想。

只有在國家出現緊急狀況時，才會挺身而出，帶領整個國家及人民度過危機。

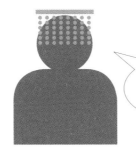

我應該要效法水的特性來治國！

小國寡民的桃花源寫照

老子最具體的政治理想藍圖是「小國寡民」，也就是國君無心而為，不從一己私慾出發，罔顧人民的生命與權益，人民就能安居樂業，過著平淡而樸實的生活，如此才是人民生活的最大幸福。

最好的政府是感受不到政府的存在

老子認為最好的政府，是人民知道有政府，但卻感覺不出有政府的存在。差一點的，是會施行仁政，人民因感恩載德而親近政府、對其讚譽有加；再差一點的，是政府頒布許多嚴峻的法令，一旦觸犯則有殺身之禍，人民因而對政府感到畏懼；最差的政府，則是在上位者罔顧人民的死活，因此人民痛罵、怨恨政府，最後群起反抗的政府。

特色①：節制私慾，安土重遷

《老子》說：「小國寡民，使有什伯之器而不用，使民重死而不遠徙。雖有舟輿，無所乘之；雖有甲兵，無所陳之。使人復結繩而用之，甘其食，美其服，安其居，樂其俗。鄰國相望，雞犬之聲相聞，民至老死，不相往來。」〈八十章〉這段話最能代表老子的理想統治之下的狀態。

老子最理想的政治形態是無為而治，而能實現無為的理想政治，只有靠小國寡民。「小國寡民」並非指國家小、人民稀少，而是指統治者以素樸簡約的方式來治國，沒有無窮無盡的私慾，不會想要以戰爭來求取天下，因此雖有鎧甲武器，卻是無用武之地。人民看重自己的生命，不輕易赴死，留在自己的家鄉種田，不需要到處遷徙，因此國家雖有舟車交通，卻甚少使用；人民也不需要賣弄小聰明去求生存，就能安居樂業。

特色②：低度文明、素樸平淡

此外，老子認為，自從人們有了文字後，開始對事物產生認知與區分，心知執定這些分別所形成的價值標準並追逐它，如華美的服飾、甘美的食物、美輪美奐的房子等物質享受，慾望便變得無窮無盡，追逐永無休止。但這些對老子來說都是人為造作，所以老子勾勒出來的理想國度是，恢復過去用結繩記事的方式來代替文字，這樣人的心就不會去執定認知所帶來的分

●政府有四種層次的劃分

最好的政府

下知有之

僅讓人民意識到其存在的政府
統治者不憑一己之私來統治，不制訂不合理的政策來擾民，人民僅知有政府，卻意識不到其存在。

次等的政府

親而譽之

人民願意親近和讚譽有加的政府
政府施行仁政，以禮法制度來治理國家，國君愛民如子，受到人民的愛戴。

三等的政府

畏之

讓人民感到畏懼的政府
政府頒布許多嚴峻刑法，讓人民心生畏懼，但即使心裡埋怨，也是敢怒不敢言。

最差的政府

侮之

輕賤人民，讓人民起身反抗的政府
統治者施行暴政，人民吃不飽穿不暖，忍無可忍，而進行抗爭或反抗其統治。

別，也不會有價值標準的產生，過著平淡素樸的生活，把物質慾望降至最低，如吃家常小菜、穿普通衣裳、住簡單房子，對這樣儉樸的生活感到很滿足快樂。國與國之間關係穩定，不用擔心鄰國會來侵犯。而在農村之中，生活非常安樂愜意，就連雞犬都過得很好，叫聲非常響亮。人與人不會為了反抗國家統治或是結黨營私謀取求利益，而聚在一起有所圖謀。

無心無為才能成就好政府

老子「小國寡民」的政治藍圖僅從人民的農村生活來描述，幾乎沒有提到統治者，呼應老子所認為的最好政府，即「太上，下知有之。」〈二十九章〉，平時人民幾乎察覺不出政府的存在，可在政府不過度侵擾下過著安居樂業的生活。而察覺不出政府存在的關鍵，就在於統治者的無心無為，即政府的做為不是從滿足國君的一己之私出發，而是從如何給予人民一個安然存活的環境來思考，讓人民在這塊土地上可以充分發揮自我理想、過著滿足日常所需的生活。

陶淵明〈桃花源記〉

陶淵明〈桃花源記〉描述有名漁夫意外闖入平淡而美好、有如仙境一般的桃花源，端視其所處時代背景，為政治黑暗、社會混亂的六朝，因此〈桃花源記〉應可視為其對理想國度的投射。而從其文中「阡陌交通，雞犬相聞」等與《老子》「雞犬之聲相聞」意境相似的文句中，可看出老子小國寡民的理想對其思想上的影響。

● 老子「小國寡民」與陶淵明〈桃花源記〉分析比較

老子
小國寡民

境界

● 舟船、武器備而不用,人民不輕易遠遊,
也不需作戰。
● 與鄰國相近,但不相往來。
● 人民重視自己的生命。
● 人民過著非常原始、素樸的生活,並對這
樣的生活感到滿足。

以統治者為對象,尚
有實現的可能。

皆在展現素樸簡約、
清心寡慾、自得其樂
的美好世界。

僅是情感的抒發,不
可能實現。

境界

● 生產各種作物,可以自給自足。
● 非常靜謐,可以聽到雞犬相叫的聲音。
● 小孩很開心的嬉戲著。
● 彷彿不存在於現實的國度。

陶淵明
桃花源記

第 5 章

老莊如何面對生死大事

老莊認為生死是人生必然經歷的過程，是自然的現象。我們來到這個世界是偶然的機緣，所以活著的時候，無須恐懼死亡的來臨。莊子更認為人在面對死亡時，無須傷心難過，死亡不過是另一個生命型態的轉換過程，隨順自然的變化即可。老莊認為我們之所以會對死亡感到恐懼不安，不是因為死亡終會來臨，而是因為我們的心知執著生死的分別，總是貪生怕死，用盡一切手段想要長生不老，結果適得其反，這才是讓我們的心不得安寧，甚至讓我們的生命無法保全的癥結所在。

對死亡的畏懼來自於主觀認定

人的生命是有限的，而生死則是人一生必然經歷的過程，但人們執著於生死的分別，總想要追求長生、抗拒死亡，導致人陷溺無窮的追逐之中而無法自拔，甚至為生命帶來損傷或死亡。

死亡是自然現象，對生死的態度是主觀的認定

人有形軀之後，隨著形軀的變化，而有成長與衰老的轉變，人的生命是有限的，正因為有限才會有開始（生）與結束（死），且既有生，就會有死，這是命定的，人力無法改變，不管接受與否，死亡都會發生，這是客觀的自然現象。

生死既是客觀現象，人們又何以會害怕死亡？老莊認為，人對於死亡產生的恐懼，不是因為每個人都必須經歷生死，而是來自於「心」主觀地執著生死的分別，認為活著是幸福的、死亡是悲慘的，有了這樣的價值判斷之後，心就產生了執著，因而想要去追求長生而逃避死亡。但這樣對死亡的排斥心理，卻使人的心對死亡終將會來這點感到恐懼，不得安寧，如同一顆心懸掛在半空中無法放下一樣。

有限的生命，無限的慾望

那麼，心知的分別與執著是如何產生的呢？心知的執著又會對人造成什麼樣的負面影響？

《莊子》說：「吾生也有涯，而知也無涯，以有涯隨無涯，殆已。」〈養生主〉一般人容易將這句話誤解為「以有限的生命去追求無盡的知識」，但若照這樣將「知」解讀成「知識」，那為何以有限的生命去追求無盡的知識是很危險的一件事？因此，比較合理的解釋應是「人的壽命雖然有限，但心知慾望卻無窮無盡，以有限的壽命去追求無窮無盡的心知慾求，是很危險的」。「知」就是老子的「執」，意指人的心知去執著種種的價值區分，進而展開無止盡的追求，操弄各種心機、手段、用盡各種算計，而使自己的心陷入無止盡的追求之中，難以自拔。所以，生死的問題不在於人有生、死、和生與死的不可預期，而是人總是執著於生死的分別，進而想盡辦法獲得長生與逃避死亡，因此為生命帶來損傷、甚至導致死亡。

●心隨形體的限制而被侷限

人有生命、形軀
- 每個人自有生命開始，便開始有形軀。
- 生命必須要有形體的依憑，才能存在於世間之中。

生命、形軀具有限性
- 人的形體隨年紀增長、生老病死而有所改變，從茁壯成熟，再到萎縮退化，最終死亡，此乃生命歷程。
- 有形體的東西都是有限的，沒有所謂的長生不老，死亡的到來只是時間早晚的問題。

對死亡的無知而產生恐懼
- 活著的人被眼前五花八門的物質生活所吸引，認為這是享受。
- 相反的，人們對死亡以後的情形一無所知因而懼怕，甚至認為一旦死去，就再也無法享受在世時的物質生活。

對死亡做出價值分別
人們認定活著是好的、死是不好的，生是幸福的、死是悲慘的。

生 死

好生惡死而執著
- 心一旦對事物做出好壞區隔，人就會一味地去追逐好的、避開壞的，長久下來便「貪生怕死」。
- 為延年益壽、強身健體，人們想盡辦法廣求養生之道，如服用丹藥（或保健食品）、進補等。

以有限的生命追求無限慾望，卻事與願違
- 人們一味地追求長生不老，是為了永保在世間的一切，如口腹之慾、美色之歡、名利權勢等。此舉無異是以有限的生命，去追求無盡的慾望。
- 人們不惜付出代價來滿足慾望，如此不僅不能填滿日益高漲的野心，反而會因為不當做法，如使用藥物或是與人結怨帶來危險，而讓死亡提早降臨。

人生的大患在於太重視「我」

讚美和褒揚是一般人最想得到的東西，可是伴隨而來的卻是毀謗與屈辱，不管得失與否，心都為此恐懼、痛苦。而根本原因，就在於執著。這樣的執著不但為人們帶來痛苦，也帶來危險。

寵辱得失若驚

　　一般人都喜歡恩寵，喜歡聽到讚美、肯定的話語，喜歡受到寵愛，當這些外在特殊對待與評價加於己身時，就會感受到無比榮耀。

　　但如同世上各種價值都是相對的一樣，得到恩寵的同時，誹謗和屈辱也隨之而來，這就是所謂的有榮必有辱，有褒揚就有貶損。當一個人在某個面向備受讚揚，表示在另一個面向也遭受貶抑而屈辱不堪，如在上位者雖然擁有榮耀與權力，但也得忍受民眾輿論的批評；美女受盡萬人追捧，卻也容易招人嫉妒。因此《老子》說：「得之若驚，失之若驚。」〈十三章〉得到恩寵時驚喜過望，高興得睡不安穩，卻也開始擔憂隨時會失去而忐忑不安；一旦失去恩寵時，又大失所望、哀嘆不已，心又更加惴惴不安。人的心就這樣在寵辱得失之間，就像搭乘雲霄飛車一樣暴起暴落，無法平靜。

人生的大患源自於心知執定自我

　　人之所以會在意寵辱得失的根本原因，歸咎於對自我的執著。《老子》認為：「吾所以有大患者，為吾有身。」〈十三章〉人因為有了形體、身軀，心便隨之受到限制，形成各種執著，並從自身擴及身外有形、無形的一切，包括身體的長壽健康、外在美醜，以及金錢、物質，處世的名聲、榮耀等等。

　　當人的心被這些執著的想法給框限住，不僅會帶來痛苦，還可能會招來禍患。即使不在追求的過程中傷害他人，也可能遭人陷害，更何況人在私慾高漲時容易無暇他顧，一旦執著得愈深切，中傷他人、或遭遇到禍害的情形就更加屢見不鮮。想要避免禍害的方法，其根本之道就在於必須鬆開心知對於自我的執著，降低因執著而生的強烈私慾，心就不會競逐寵褒，屈辱也不會伴隨而來，心因此沉靜下來不再驚懼，生命就能免除遭致危險。

●大起大落間，得失若驚

心因為有限的身軀而受限

這些東西都是我的，
我還想要更多東西！

房子　　車子　　金錢　　愛情

心知執著於自身所擁有的一切東西。

喜愛恩寵	討厭屈辱
恩寵是外在環境給人的名聲、地位等，短暫而無法持久。	屈辱來自誹謗、詆毀、惡意中傷，這也是由外在環境來決定。
例 藝人藉由話題、緋聞走紅一時，但新鮮感一過，知名度隨即下降。	例 員工深受主管信任，但也容易受到辦公室流言中傷。

得之若驚	失之若驚
得到恩寵時太過興奮，心情不定，像受到驚嚇一樣。	一旦恩寵不再，招致屈辱的時候，心裡更加失落。
例 藝人一夕爆紅後，戲劇、代言邀約不斷，日進斗金，內心沉浸在成功的喜悅裡。	例 受主管信任的員工因流言而喪失這份信任，從此鬱鬱寡歡，工作提不起勁。

保持內心平靜的最好辦法
就是去除慾望的追求，使得失不驚。

心中沒有死亡，才不會恐懼死亡

若人心太想要活著而過分恐懼死亡的話，就是給死亡留下傷害的空間，反而會加速地把人推向死亡；如果人心不懼怕死亡，那麼死亡便無從傷害我們的生命，這才是最好的養生之道。

愈執著於長生，愈容易加速死亡

老莊認為，生死是自然現象，有生必有死，有限的形軀到了壽命終了的時候自然而然就會走向死亡。而死亡之所以會成為人生的問題，是根源於人心執著於「好生惡死」。人的心如果害怕死亡，就會用盡一切手段、方法追求長生、讓自身免除死亡。雖然誰都知道這根本不可能，仍舊難以停止長生不老的追求。

老子更進一步說，人愈是害怕死亡，就愈容易把自己推向死亡。《老子》有云：「出生入死。生之徒十有三，死之徒十有三。人之生，動之死地，十有三。夫何故？以其生生之厚。」〈五十章〉活在這世上的人占了十分之三，死亡的人占了十分之三，活著卻急著走向死亡的人也占了十分之三，這是因為人太想要長生而想盡一切辦法讓自己可以活得長久，但太過於追求養生的方法，卻是讓自己憂慮愁思、鬱鬱寡歡，或急切地服用方藥，造成身體損壞，反而加速自己的死亡，因此老子才說，有很大部分的人，是太想活著，卻是讓自己更快走向死亡。

不留給死亡傷害我們的空間，是最佳養生之道

如果我們的心能夠坦然面對死亡的話，就不會有這些問題了。《老子》說：「蓋聞善攝生者，陸行不遇兕虎，入軍不被甲兵；兕無所投其角，虎無所措其爪，兵無所容其刃。」〈五十章〉老子以兕虎與甲兵比喻危機，說明善於養生的人心中必定不懼怕死亡，因為他們的心已徹底解消對死亡的恐懼，不會認為死亡是一件不好的事情，就不會時時處於死亡的威脅中。因此即使在路上遇到獨角獸和猛虎，或是身處兩軍交戰等這類死亡就在迫在眉睫的情況時，心不會驚恐而招來殺機，牠們的尖角、利爪，尖銳的兵刃對他們而言，更是無用武之地。老子從根本解析人們之所以愈想活著卻愈容易死亡的原因，並從中揭示了真正不讓生命受到傷害的養生之道。

● 出生入死

貪生怕死

懼怕死亡

一般人都貪生怕死，認為活著是幸福，死亡則是不幸又悲慘的。

害怕猛獸

一般人對死亡的恐懼，就好像害怕猛獸和武器一樣，深怕被它們所傷。

因恐懼而過度作為

為了追求長生，想盡辦法延年益壽，如迷信仙丹可長生不老；或誤信坊間的假藥可以減緩老化，吃了反而對身體有害，加速死亡。

因恐懼而招致反效果

走在路上突遇猛獸，因害怕而身體僵硬無法應變，或貿然逃跑、反擊，反而會引發猛獸的攻擊慾望，被牠所傷。

無懼死亡

不給死亡留下空間

心對死亡無所畏懼，不認為死亡對我們的生命是一種傷害，坦然面對死亡。

不懼怕猛獸的威脅

心對老虎等猛獸絲毫不懼怕，因此可安然走在路上，不用擔心會有猛獸或其他意外的來襲。

能夠長生

內心獲得安寧，不會整天擔心死亡何時到來，便不會亂服偏方，身體也不會受偏方戕害，而能夠活得長久。

猛獸無法傷害

就算在路上碰到猛獸，只要心裡對死亡無所畏懼，看到了也不會驚慌，而能沉著應對，死裡逃生。

安時而處順

鬆開心知對生死的定執

老莊都將生死看做是人生必經的歷程，莊子所提出的「安時而處順」便是老子的「出生入死」。莊子認為，應鬆開心知對生死的執著，如此心便不會一直處於提心吊膽、恐懼不安的狀態中。

安時而處順，不讓死亡影響內心的平和

一個人的生命歷程就是由生到死，生死就像外出、回家一樣自然，也就是老子所說的「出生入死。」〈五十章〉。莊子更進一步說，人來到這世界上是一個偶然的機緣，離開這個世間亦是順著生命的必然結果，因此要安於你所來的機緣，沒有什麼好悲傷的，以平常心去面對死亡這個必然的結果，就連哀樂也不能影響我們平和的心境，《莊子》說：「安時而處順。」〈養生主〉正是面對生死的最佳態度。

解除對死亡的恐懼

《莊子》裡有一「秦失三哭」的則寓言故事，表達莊子對死亡的態度。老聃去世，前來哀弔的人都哭的很悲傷，但老聃最好的朋友秦失卻只號哭了三聲聊表不捨之情就出來了，老聃的弟子覺得秦失的做法不合禮俗，以他與老聃的交情，弔唁的方式未免太過平淡，便問他為何只哭三聲就出來。秦失回答，那些哭得很傷心的人，老的像死的是自己的兒子、年輕的像死的是自己的母親一樣，所表達出來的情感往往超過與死者之間的真實交情，不但矯情造作，也忘了老聃所教的「出生入死」的生死智慧。莊子藉由秦失之口，批評世俗這種弔唁死者的態度為「遁天倍情」，是違背人世間的情理常態，忘了「有生必有死」的生命自然現象，忘了死亡原來只是人生命中的一個自然必經的過程，而一旦理解這個道理，就沒有什麼好值得傷心的。〈養生主〉

世俗中人之所以如此，無非是人的內心恐懼著死亡，執著生死的分別，無法釋懷，因而為老聃的死而傷心，同時也因為驚懼死亡而嚎哭。這時的心理狀態就像懸掛在半空中的石頭，上也不是，下也不是，這就是莊子所說的「倒懸」。如果能將生死視為一種自然現象，鬆開對生死的執著，就像解開懸掛在半空中的石頭一樣，一顆心可以放下，回歸平和與虛靜的心境，這就是「懸解」。

●對死亡應當抱持的態度

大號哭者

來祭弔的人都哭得很傷心，
就像是自己的親人去世一樣。

代表一般世俗觀點

↓

死亡是人生當中
最悲慘的一件事

- 人們對於死後世界一無所知，對生死做出分別，貪生怕死。
- 人們追求長生，甚至願意用任何手段來延長壽命。

面對
死亡

- 視喪禮為人生最後一件大事而盡力表現哀傷，但心卻未必真那麼難過。
- 痛哭除代表不捨外，更多的是反映在世之人的潛在心情（不捨、面子、恐懼等）。

看待
喪禮

- 過度哀傷只是違背天性，內心痛苦是上天加諸給人們的懲罰。
- 若領悟生死之道，心情平順，就不會再受此刑。

遁天
之刑

秦失三哭

秦失是老聃最要好的朋友，
卻只哭了三聲就出來。

能「安時而處順」之人

↓

死亡不過是
生命必經的過程之一而已

- 外在形軀會老死，但內在心靈可以不必有所損傷。
- 生死皆為精神所處的居所，死亡不過是居所的更替而已。

- 死亡是人生必經過程、是精神生命下一階段的開始，所前往的世界或許更美好，因此無需為此感到傷心。
- 以平靜的心情，來歡送親友邁向下一個階段即可。

- 能夠坦然面對命運的榮枯與死亡的到來，不會招來苦果與心靈的驚懼，更不會受到「遁天之刑」。
- 精神可得到最大程度的自由。

死亡如同異鄉遊子的歸鄉

生死是人生必經的歷程，我們的心應當從形軀的變化中超脫出來，不要讓形軀的變化與老死影響到心原有的清明；也不要被眼前現況所迷惑，要將死亡當做是我們真正的歸處那樣。

形軀不過是精神暫時的居所

老莊告訴我們，既然生死只是自然現象，人生必然的旅程，心再如何抗拒只會增添自己的煩惱，並不會改變每一個人有一天會死亡的事實，那麼就要在心上鬆開對死亡的恐懼與不安。

《莊子》說：「有駭形而無損心，有旦宅而無情死。」〈大宗師〉只要在心上超越好生惡死的限制，心與精神就能得到解脫與安頓。超越之道就是在心上鬆開執著，這樣心就不會隨著外貌形軀的變化而悲傷，或是做其他無謂的追求，影響心原有的虛靜清明。因為身體就只是個房間，是暫時的住所，生死不過是精神在空間的轉換，就像換房子一樣自然。

死亡就像回家一樣自然

莊子非但認為死亡無須懼怕，還認為死亡就像人們遠離家鄉多年，再返回家鄉那樣親切自然，應當是很自在快樂的。但為何在面對死亡時，反而就會害怕呢？《莊子》說：「予惡乎知說生之非惑邪！予惡乎知惡死之非弱喪而不知歸者邪！」〈齊物論〉我怎麼知道貪戀生命難道不是一種迷惑呢？我又怎麼知道一般人所厭惡的死亡不是年幼時就離去而不知返的家鄉呢？

《莊子》有一個寓言故事，正是用來比喻世間人這種貪生怕死的好惡之情。古時「艾」這個地方有一個美女叫麗姬，剛被擄到晉國的時候因惶惶不知未來將會如何，整天以淚洗面；後來晉獻公因其貌美而寵愛她，這時她每天住在華麗的宮殿、享用珍饈美味，便開始後悔當初為什麼會那樣傷心哭泣。莊子藉由這則故事批評一般人對生的眷戀不捨，並藉此破解人對生死的執迷，貪生怕死不過是心知執著生死的一時迷惑，你怎麼知道那些已經死了的人，不是也和麗姬一樣，正在後悔當初如此懼怕死亡、戀眷生命的堅持呢？〈齊物論〉

● 生死問題的限制與超越

心超越形軀之上,不隨形軀生死變化而被限制

死生亦大矣,而不得與之變。

死生是人生大關,心不要隨著生死的變化而起伏。

有骸形而無損心,有旦宅而無情死。

形軀會有生死的變化,但我們的心不會受到外在形體
的改變而損傷;精神所暫住的居所會更替,可是精神
生命卻不因此而死亡。

不因外在形體的
改變而恐懼與不
安。

心落入形體的有限性中,
受到形體變化的影響而被限制

一受其成形,不亡以待盡。

一旦有了形體,便一時不亡,等待生命終了那天的到
來。

其形化,其心與之然。

外在形體變化,心也隨之而僵化。

形體有生死老化
的轉變,心也跟
著悲傷與痛苦。

死生一體

莊周夢蝶，或是蝶夢莊周？

莊子藉莊周與蝴形體互換的寓言告訴人們，生與死的轉變一如蝴蝶和莊周的轉換，所以生的時候不必覺得高興，也不必為終會來臨的死亡而傷心難過。

莊周與蝶在覺夢之間進行物化

《莊子》裡有一則知名的「莊周夢蝶」故事，描述有一天莊周夢見自己變成一隻蝴蝶，神似的程度，讓他完全忘記自己曾是莊周，但醒來之後，發現自己變回莊周，大感驚訝，不知道是莊周夢見自己變成蝴蝶，還是蝴蝶夢見自己變成莊周？這種莊周化蝶、蝶化莊周，兩個不同物種在覺夢之間可以進行轉化的現象稱為「物化」。莊子藉由這個寓言，來讓人們鬆開心知對於蝴蝶與莊周這兩個不同物種的執著與區別。〈齊物論〉

生死如同物化，不過是空間的轉換

莊子認為，生死的轉變就像莊周夢蝶一樣，由一個形體轉變為另外一個形體，因此死生並沒有不同，只是形體的轉化而已，心知不必執著生與死或是蝶與莊周的分別，更無須貪戀生而厭惡死，只要隨順事物的變化，心隨順生死自由自在，不因死生而有喜怒哀樂的情緒轉變。

天地與我並生，萬物與我為一

《莊子》所表達的是要在主觀心境上平齊萬物，即在主觀心境中不設定任何相對價值標準去看待天地萬物，事物的小與大、壽命的長與短，原本就是通過比較而來，因此形體小大、壽命長短的區別只在於我心知的執著與認可，一旦鬆開了心知對於小大相對價值標準的認可與執著，就會發現萬事萬物沒有什麼區別，猶如莊周夢蝶的故事，只要在主觀心境上泯除蝴蝶和莊周的區別，莊周夢為蝴蝶時可以很快樂，那又何須執著生死與形體變化的區別呢？從這個角度來看，我也可以說只要能夠體現自得逍遙，是蝴蝶還是莊周又有什麼區別呢？生死問題也是同樣，這不是說生與死是相同的，而是說我不執著生死的界線分別，則我生的時候可以很自得逍遙，死了的時候也可以自得逍遙，又何必一定要覺得生才是快樂而死亡是痛苦的呢？

●物我合一，死生一體

不知是莊周夢為蝴蝶？

還是蝴蝶夢為莊周？

突然夢醒，
驚覺自己是莊周。

在夢中愉快的飛舞著，
不知道自己是莊周。

鬆開主觀心境對物我分別的執著

平齊萬物
沒有絕對的大小、長短，所有價值標準都是透過比較而來，存在於人的心知與認可。

800歲的彭
祖很短命！

天折的殤子
最長壽！

隨順變化
順應事物的變化，達到「天地萬物與我並生，萬物與我為一」的境界。

物化

生時很自得逍遙。

死後不會復活，
但也可以自在逍遙。

第 6 章

莊子寓言故事中的人生啟示

在戰國時代諸子為匡時救弊的各種議論述中，屬《莊子》最奇幻有趣。莊子常借用一些動物，或是人們所熟知的名人、歷史人物或神話人物之口，來闡述自己的哲學思想，如孔子與門生的對話、河伯（河神）與海若（海神）的對話，探討生死觀、如何在險惡複雜的人間世中全身保命、對世俗觀點的反省等，至今讀來仍相當有趣，值得再三玩味。

逍遙自適的人生境界

世俗之人認為有功有名才是幸福人生，就如同在林間的小鳥一樣，自在而逍遙，但莊子認為這不是終極理想的逍遙之境；真正的逍遙是無己、無功、無名的至人、神人、聖人境界。

小大之辯

　　《莊子》用兩種動物做為小與大兩種生命境界的對比。一是「其翼若垂天之雲」的大鵬鳥，牠的翅膀有幾千里那麼長，振翅飛翔，翅膀就像天上的雲彩那樣遮蔽住整個天空；另一個是在矮樹叢中自在嬉戲的小鳥斥鴳。斥鴳看到大鵬鳥飛得這麼高，還要從「北冥」飛往「南冥」，就嘲笑牠說：「我騰躍而上枝頭，不過數丈就掉落地面，在矮樹叢中自在的敖翔，這也是飛行的極致，你又何必飛往南冥那麼遙遠的地方呢？」這一段就是著名的「小大之辯」的故事。〈逍遙遊〉

　　小大之辯，並不是指大鵬鳥和小鳥形體上小大的差異，而是借用大鵬鳥和小鳥來比喻兩種不同的生命境界。大鵬鳥指的是對道有體悟的修行之人，牠從一個很小的魚子，長成一條很大的魚叫做鯤，又從鯤化為大鵬鳥，這象徵了修行者突破生命的種種限制，逐步成長，從北冥飛往南冥則象徵生命的成長與飛越。而斥鴳所代表的是一般世俗人的生命型態，認為只要吃飽喝足，在林間也能很快樂，又何必這麼辛苦地飛往南冥？

無己、無功、無名才是真逍遙

　　一般認為擁有名利權勢就是功成名就的人，也是世俗人一生追求的目標。莊子卻提出不同的看法，功成名就的人就像在林間飛來飛去的小鳥斥鴳一樣，自以為人生美滿，實際上這樣的人生命是受到限制的。因為生命的終極目標被訂在追求名利權勢上，而名利權勢在老莊看來只是虛幻的東西，把生命價值建立在追求虛幻的價值觀上，是無法得到真正的逍遙自在的。

　　那麼怎麼樣才能真正的逍遙呢？莊子的答案是「至人無己，神人無功，聖人無名。」〈逍遙遊〉至人、神人和聖人指的都是能夠體悟道，且將道實踐在現實生活中的修道者。無己就是鬆開對生命形軀與心知執著；無功則是解消對事功的執著，不要覺得做什麼都是我的功勞；無名就是鬆開心知對名的執著與追求。能夠做到無己、無功、無名，才是真正的逍遙。

●大鵬鳥的境界

大鵬鳥的境界

鯤化為大鵬鳥,光背部就有幾千里,飛翔時翅膀覆蓋了整片天空。

象徵打破現有境界、自我突破

超越3 飛向**南冥**
象徵「道」的境界

從生理需求提升到追求「道」。

超越2

鵬

小魚
原本只是俗世中的一條小魚。

超越1

鯤
長成一條幾千里長的魚叫做鯤。

滿足生理需求,使身體成長。

志向高遠
vs.
志向短淺

小鳥的境界

小鳥只能飛幾丈高,穿越一片矮樹叢,難以超越。

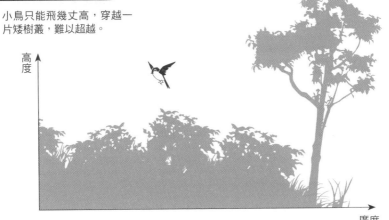

高度

廣度

看起來無用才能活得長久

莊子的「無用之用」，除了要人們從有別於世俗的觀點來看事物的無用外，最重要的就是要人們順應時勢，不堅守有用或無用，才能在任何時候均能真正保全性命。

不從世俗觀點衡量事物本身的價值

一般人往往從世俗功利的角度去衡量事物的價值，可從中獲得利益或好處的就稱為有用，反之則是無用。但在莊子眼中，這世上沒有無用的東西，而世俗所認為的「無用」反而才是真正的大用。

在《莊子》中有一則相關的「樗樹之用」寓言故事，惠施對莊子說他有一棵又臭又不能拿來做家具或建材的樗樹（大樹），他認為這棵大樹無所可用，但莊子卻對他說：「與其為了這棵樹的無用而煩惱，那何不把它種在無何有之鄉、廣莫之野呢？如此便可讓人任意在樹下歇息、睡覺，它便不會被認為無所可用了！」莊子的話意在破除世人心知對有用與無用價值標準的執著，這個大樹有用還是無用，其實只是觀看的角度不同而已。惠施代表世俗人的觀點，以功利的角度認為它不能做器具，便是無用；而莊子順應它的特性，以道心觀之，認為它可以提供人們乘涼休息，因而發現了這棵大樹真正的大用。

這則「樗樹之用」寓言可視為「無用之用」的第一個層次，即是鬆開心知對有用與無用相對價值標準的分別與執著，則到處都是「無何有之鄉，廣莫之野」。「無何有之鄉，廣莫之野」並非指現實中的某個地方，而是指透過我們主體的修養所達到的一個無限寬廣、不受心知執著所限的境界。〈逍遙遊〉

不材之木才能終其天年

《莊子》還有一個關於「不材之木」的寓言。齊國有一棵巨大的櫟社樹，木匠匠石的徒弟問他為何完全看都不看它一眼，木匠匠石回答，因為這棵樹無所可用，所以才能長得那麼高大，而那些被世俗人認為有用的木材，往往很快就被砍伐了，無法活到它壽命終了的那一天。到了晚上，那棵櫟社樹托夢給他，說它為了要避免人為的傷害，可是歷經了千辛萬苦，不但刻意斂藏自己有用的光芒，表現出無所可用的樣子，期間還差點遭到砍伐，喪失性命，如此一路走來才能活到今天，因此這看起來「無所可用」才是它真正

的大用。

「不材之木」的故事表達出「看似無用才能明哲保身」的意義，為什麼櫟社樹要千辛萬苦地透過修行，來達到在世俗人眼中看似無所可用的境界？那是因為事物之所以有用，實際上都是自己招來的，因為它們都具備世人眼中的「可用性」，所以才會被人拿來應用，因此要做一個「有用」還是「無用」的人，都是自己選擇的，而櫟社樹選擇了看似無用，就可以讓自己終其天年，不受到人為砍伐的傷害；此外，這個寓言也表達出無用是透過主體修養而來的，而修行的過程是很辛苦的，櫟社樹幾乎用上自己的生命，才修到了這無用的境界，讓自己逃過被砍伐的傷害。至於要如何修行呢？就是要解消心知對「有用」、「無用」分別與執著，不把自己的才能顯露出來，這就是「無用之用」。在莊子的看法中，「無用」才是真正的「大用」，而這大用符合了道的境界，因此這「大用」不能用世俗觀點「有用」與「無用」的分別去理解。〈人間世〉

放下「有用」與「無用」的分別

從以上寓言可以看出，莊子似乎是主張無用之用的，只要讓自己看起來無所可用，就能逃過被人為傷害的命運。然而，在複雜的人間世中，有沒有例外的情形呢？

《莊子》有一段「材或不材」寓言，說莊子看到一棵大樹，這棵大樹因看起來無所可用而終其天年，長得很高大。但他去友人家寄宿，主人殺雁宴客卻是殺不會叫的那一隻。莊子的學生就問：「大樹因被工匠認為無用而得以保全生命；但主人家的雁卻因無用而被殺，如果換做是老師您，會如何自處呢？」莊子回答：「那就看情況而定，如果因無所可用而得以保存下來，那就讓自己看起來無所可用；如果因有用而得以保全生命，那就讓自己看起來有用。即使是如此，都不是最根本的解決之道，因為不論你選擇有用還是無用，都無法避免落入世俗有用與無用的價值標準分別與執著中，而無法真正的避免生命受到傷害。」

莊子所說的便是「無用之用」的第三層次，即不要執著於「有用」與「無用」的分別。雖說無用可免於傷害，但往往有些情況卻是看似無用的那一個失去性命，可見無用並非萬無一失的保命方法，唯有泯除心知對有用、無用的分別與執著，順時應變，才能從這兩者之中真正超脫出來，達到無心無為的道之境界。如此才能真的免於世俗的傷害與負累，而能保全性命、不受損傷。〈山木〉

● 無用之用的三個層次

第一層

破除心知對
有用與無用
的定執

大葫蘆瓜與大樹樗的寓言

大葫蘆瓜

樗樹

不能拿來裝水，也
不能拿來當水瓢。

不能用來做器具，
長在路旁，連工匠
經過都不屑看它。

＝無用

第二層

透過主體修
養了解無用
才是大用

不材之木與櫟社樹托夢的寓言

櫟社樹擔心因為能結實纍纍、光
芒畢現而遭到摧折傷害。

第三層

解消材與不
材的分別

介於材與不材之間的寓言

情況1 大樹因其無所可
用，所以能長得很高大。

情況2 雁因為不會叫而
被殺掉煮食。

可以拿來綁在腰間，做成腰舟，漂浮於江湖之上。

若種在寬廣無人的地方，人們便可在大樹下乘涼睡覺。

＝ 有用

若用在適當的地方，便有用，若用在不適當的地方，便是無用。

櫟社樹特意讓自己看起來無用，而得以保全自己。

進行主體修養工夫

櫟社樹活了很久，長得又高又大，終於達到「無用」的境界——無用才是真正的大用。

如何才能全身而退？

若「有用」不會被殺
➡表現出有用的樣子。

若「無用」不會被殺
➡表現出無用的樣子。

若能無心無為，解消世俗材與不材的分別與執著，就能順時應勢，做最好的選擇。

莊子的「心」養生法

現代養生教的是如何強身健體,以活得健康長壽。但莊子的養生之道是要我們存養生命主體、鬆開心知執著,避免心受到人為傷害,而可以自在地遊走於人世之間。

莊子的養生與今日的養生觀念不同

《莊子》的〈養生主〉講的是生命的養生之道,與現代人所理解的養生觀念有很大的不同。現代人注重的是身體形軀的保養,講求如何透過運動、飲食讓我們活得健康長壽。但老莊認為注重身體健康是太過執著於形軀的保健,反而會使我們的生命受到損害,因此身體的健康長壽並不是老莊所關心的問題。老莊關心的是如何避免我們的生命主體受到人為的傷害,所謂的「養生」是在存養我們的「心」,心不受傷,保持逍遙和樂的狀態,身體自然不為其傷,因此如何讓我們的心不受傷,如何在複雜的人世間全身保命,從「養心」進而「養形」,這才是老莊所關心的課題。

「吾喪我」解消對形軀的固執

莊子要我們鬆開心知對形軀的執著,才能讓心自由自在、不受到心知束縛的養生之道,展現在「吾喪我」這則寓言中。顏成子游看到他的老師南郭子綦抬頭仰天長嘆、好像沒有精神的樣子,便覺得老師「形如槁木,心如死灰」,即形體如枯槁的樹木,心好像沒有生機的死灰一樣。但南郭子綦告訴他,他這是達到「吾喪我」的境界,看起來好像沒有生機的樣子,實則鬆開對身體形軀的執著,到達物我兩忘的境界。〈齊物論〉

庖丁順應牛的肌理來解牛

《莊子》有一段很著名的「庖丁解牛」的故事,講的是如何存養我們的心。

庖丁在文惠君面前表演他的宰牛技術,他解牛的動作符合舞蹈、又有音律的節奏,十分精彩。文惠君問他:「你的技術怎麼能到這樣的地步呢?」庖丁就放下刀回答說:「我所追求的是道而非技術性的操作。」庖丁精良的解牛技術有其演進過程,剛開始時他所看到的都是一隻隻的牛,三年之後,

●莊子Vs.現代人的治病方法

 治病之道　**現代 治病方法**

主體生命的自由自在

針對人的生命主體。使心靈自由自在，沒有束縛，從心理健康帶動生理也健康，進而達到全身保命的效果。

目標

外在的身體強健

針對人的身體著手。維持人體這個有機系統的正常運作，使其沒有異常（病痛）、並盡可能延長其運轉的時間。

去除執著、不安與恐懼

- 心知對任何事都不執著亦不恐懼，便不會因心理影響生理，而使身體機能出現異常。
- 不與人交惡而讓別人有傷害身體的機會，如此生命自然不會受到損傷。

例如 與其整天患得患失，在意股票、房地產等的漲跌，不如多與家人相處，享受親情的溫暖。

原理

科學研究的醫學病理分析

- 以科學角度，從醫學、心理學等各方面去發掘並解析疾病，如憂鬱症、高血壓、糖尿病等。
- 針對致病原因施以藥物及各種治療方法。或是事先預防，以達到防範於未然的效果。

例如 憂鬱症除與患者心理調適有關，也有可能與其大腦內神經傳導物質如多巴胺等分泌的多寡有關。

自我主體進行修養工夫

- 心知減消任何價值標準，沒有好或不好、喜歡或討厭（恐怖），鬆開執著，如此便不會因心理壓力過大而得到精神疾病。

例如 有人因恐懼世界末日而罹患憂鬱症，但如果不懼怕死亡到來，則每一天都是充實而快樂的。

- 讓心胸更寬廣，不到處樹敵；遇到與人有摩擦的時候，不堅持己見，站在他人角度思考，並主動化解糾紛。

例如 儘管商場競爭非常激烈，但還是要「有錢大家賺」，不要將所有利益都掌握在自己手上。

管道

外在知識、保健行為的實施

- 發現疾病便積極求診，藉由飲食、運動來維持身體機能健全。此外，藉由身體檢查、接種疫苗，預防疾病的侵襲。

例如 運動，改善體質，增加免疫力。或喝蔬果汁、優酪乳，做好體內環保，促進新陳代謝。

- 報章雜誌、電視新聞等大眾媒體刊載與疾病保健的相關資訊，向民眾散播身體保健的知識。

例如 新聞公布兒童腸病毒流行情形，並提醒家長注意可能感染的徵兆及如何照顧等事項。

所看到的是牛的骨骼架構。現在的庖丁則是「以神遇而不以目視，官知止而神欲行」，也就是不透過眼睛、耳朵等感官，而是用「心」來操刀，順著牛天然的紋理結構，先劈開筋骨間較大的縫隙，再沿著骨節間的空隙宰割，刀完全不會碰到筋絡與骨頭相連的地方，如此就更不會碰到堅硬的大腿骨。好的廚師一年換一把刀，因為他們用刀去割肉；一般的廚師一個月換一把刀，因為他們用刀去砍大骨頭，所以刀時常折斷。而庖丁的刀已經用了十九年，宰割了數千頭牛，還像剛從磨刀石磨出來的一樣鋒利。因為骨節之間有空隙，而刀刃沒有厚度，用沒有厚度的刀進入有空隙的骨節，自然能夠游刃有餘而不損刀刃。〈養生主〉

鬆開心知的執著

　　文惠君聽完庖丁解牛的過程之後，不禁大嘆說：「我聽庖丁一席話，了解了養生的方法。」為什麼庖丁宰割牛的方法會和養生有所關聯呢？因為莊子把庖丁的解牛刀比喻為我們的心，也就是生命主體；而牛體繁複的骨骼結構，就好比複雜的人世間。若我們每一次遇到難關，都採取硬碰硬的作風，就如同拿著刀去猛砍牛骨頭一般，導致我們的心很容易受到損傷。想要在人世間自在的行走而不讓心受到傷害，只有鬆開心知對自我才能、尊榮、名利、善惡等相對價值標準的執著，不去追名逐利、不讓心想要更多，才能讓心像庖丁的解牛刀一樣，沒有厚度，用了十九年還像新的一樣鋒利。這就是「彼節者有間，而刀刃者無厚。」〈養生主〉因為刀刃沒有厚度，所以牛的骨節才顯出空隙來；如果刀刃是有厚度的，那麼再寬的縫隙也等於沒有。而要如何讓心的刀刃沒有厚度呢？答案是「官知止而神欲行。」〈養生主〉不以感官去感知，而是要用虛靜心，並放下所有的相對價值標準去操刀，順應自然萬物的變化而行，這樣才能避免我們的生命主體受到傷害。

●從庖丁解牛學養心之道

心 ＝

不顧牛的肌理，硬砍	順應牛的肌理
遇到大骨頭筋肉聚結之處就硬碰硬，刀因此容易折損。	順應牛體骨節之間的空隙，自然寬大有餘，刀如同沒有厚度一般。

不顧牛的肌理，硬砍

遇到大骨頭筋肉聚結之處就硬碰硬，刀因此容易折損。

不好的廚師　　好一點的廚師

一個月換一把刀　　一年換一把刀

順應牛的肌理

順應牛體骨節之間的空隙，自然寬大有餘，刀如同沒有厚度一般。

最好的廚師！

刀用了19年，解了數千隻的牛

刀還是跟新的一樣！

關鍵在順應事物的發展，停止感官活動，以避免被外物牽引心無法虛靜，如此遇到任何問題自然都能迎刃而解。

不做帶給別人災難的「菑人」

摩擦往往來自於將自己的價值判斷強加在別人身上。但沒有任何一項標準是絕對正確的，若硬要對方接受，就會為別人帶來災禍，總有一天災禍必定會降臨在自己頭上。

顏回認為衛國處於水深火熱，想去拯救衛國

《莊子》有一段「顏回適衛」的寓言，說顏回要前往衛國，行前向他的老師孔子辭行。孔子問他去衛國做什麼，顏回說衛君少壯，行事獨斷殘暴，看不見自己的過失，任意處死百姓，為此而死的人就像沼澤裡的草芥那麼多，人民無所依歸，因此他要去拯救衛國國君，告訴他正確的治國之道。顏回說：「老師您曾說若是某個國家的政治上了軌道，那就離開它到亂國去做官，以拯救那個國家，就像是醫生救治病人，責無旁貸一樣。」孔子聽完便回答：「如果你是抱著這樣的心態上任，那你一定會得罪國君，惹來刑戮加身的下場。你的德行純厚，不擅與人交際往來；又不和別人爭名爭利，因而不懂人的險惡心理。若強行以仁義的標準去規範別人，暴露別人的短處，讓別人覺得他一無是處的話，那便是帶給別人災難。帶給別人災難的人，別人必定會將災難帶回你身上。」〈人間世〉

不做帶給別人災難的人

對儒家而言，以天下為己任是正確且應該的，為了濟世，甚至可以犧牲小我完成大我；但老莊卻從另一個角度，質疑這所謂的濟世救民，難道不是人們以自己的價值標準去衡量別人、要求別人，打著正義的旗號，實際上是去迫害別人？顏回認為衛君殘暴不仁，想要去拯救他，這便是顏回用自己的價值標準去強迫衛君接受；但衛君身為一國之君，高高在上，根本不認為自己需要人來輔佐，面對顏回的「好意」，衛君也只會認為顏回是在指責他、使他難堪，因此顏回的做法只是為自己徒增災禍而已。

現代職場中，上司與下屬的關係，正如衛君與顏回一樣，上司在做任何決策時皆有其道理，但員工若是不能明白上司用意，以自身角度公然對上司提出質疑、甚或不願意配合，不給老闆面子，下場就可能是被疏遠、降職或資遣。因此，不把自己的價值標準強壓在別人身上，如此就不會帶給別人災難，災難也不會找上我們，這就是在人世間能夠全身保命的最好方法。

●如何能不帶給他人災難？

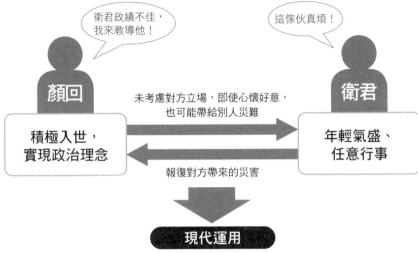

衛君政績不佳，我來教導他！

這傢伙真煩！

顏回

積極入世，實現政治理念

未考慮對方立場，即使心懷好意，也可能帶給別人災難

報復對方帶來的災害

衛君

年輕氣盛、任意行事

現代運用

例子① 職場新血
資歷尚淺，單憑滿腔熱血即指責老闆政策有問題。

老闆
因決策有其考量，又因難以安撫，因而資遣他。

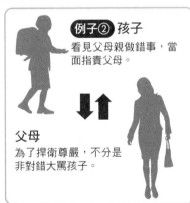

例子② 孩子
看見父母親做錯事，當面指責父母。

父母
為了捍衛尊嚴，不分是非對錯大罵孩子。

鬆開執著，替他人著想

- 若認為自己的信念和價值觀一定正確，而強加在別人身上，只會讓自己受到災厄。
- 若想說服別人，就要先站在對方的角度，讓對方認為我們跟他站在同一陣線，才會有用。

才全德不形

成全他人比相貌好看更受人喜歡

外貌是相對價值標準下的一種迷思，不是好看就一定有人氣，莊子寓言中，有幾個相貌缺陷又不具特別技能的人卻能受到大家的喜愛，因為他們都是「才全德不形」，能成就別人的人。

不是相貌好看才受人歡迎

現代人非常注重外貌，認為這樣才會受人喜愛，在職場發展無往不利，但莊子透過幾則相貌奇特卻極受各界歡迎之人的故事，告訴人們樣貌與人脈之間並沒有絕對關係。

魯國有一位名師叫王駘（音同台），雖然斷了一隻腳，教法、論著也不是非常出色，但學生之多可與孔子相比，連孔子都非常欽佩他，甚至願意為他推薦。此外衛靈公、齊桓公這兩位國君分別喜愛一個跛腳、駝背、缺唇的人，以及一個在脖子上有一顆大瘤的人，這兩位國君喜愛到看一般人的時候，反而還覺得不太習慣。

這類其貌不揚的人物當中，最具現代偶像魅力的要數哀駘它（音同「哀台陀」），不論男人或女人都喜歡他，魯國國君魯哀公甚至想把王位讓給他，只是哀駘它最終選擇推辭離開，而哀駘它是一個非但不富有、長相更是奇醜無比的人。〈德充符〉

真正使人受到歡迎的關鍵是才全德不形

這些人相貌雖不出眾，卻都極受歡迎，莊子正是藉此要人們不要執著於外表，它只是一個表相，一開始或許能吸引人注意，但真正能令人長久喜愛、甚至時時與之相處仍覺不倦的因素，是內在精髓，即「才全德不形」的境界。

所謂「才全」，即不受外在事物變遷所干擾，而失去內心的天生本真，也就是初衷，如此心靈方能保持穩定平和，而不隨波逐流，迷失自我，如王駘總是維持其一貫的悠然，生死或天地大變等一切變化都無法撼動他。至於「德不形」則是保持內心虛靜，不讓自己的優勢成為別人的負擔與壓力，如哀駘它與人相處時，總是只附和別人的看法，而不表示自己的見解，如此大家在他眼中看到了自己的長處，從他身上成就了自己，這正是大家都喜歡哀駘它的祕密。而真正走到人們心裡，受到大家的喜歡，便「德有所長，形有所忘」，相貌絕不再是影響人氣的最大關鍵。

●不完美的人更受歡迎

闉跂 支離無脤

跛腳、駝背又缺唇！ 但是…

受到衛國國君衛靈公的寵愛，衛靈公甚至覺得一般人的身形太長了！

甕盎 大癭

脖子上長一顆大瘤！ 但是…

齊國國君齊桓公喜歡他，反而覺得一般人的脖子看起來很奇怪！

王駘

斷腳、教書也不出色！ 但是…

學生與孔子一樣多，就連孔子也很佩服他，說會推薦學生到他那裡上課。

哀駘它

不有錢、長相奇醜！ 但是…

不論男女都喜歡和他相處，女人爭相當妾，魯哀公還想把王位讓給他。

關鍵……

在於這些人都是 **才全德不形**

才全

不因為外在事物的變化而影響自己的內心平和。

例如 王駘的迷人之處，在於他心中有一個價值原則，不隨這個世界起舞，悠然看著萬物變化而不動其心，連生死及世界末日也撼動不了他。

德不形

不讓內在的德顯露於外，讓別人心裡有負擔，而感到自卑。

例如 哀駘它吸引人的因素，在於與人相處時，不會發表自己的言論，只會贊同別人所說的，別人在他眼中看見自己的優點，找到自我的價值。

德有所長，形有所忘

在德行上讓人喜歡，別人自然就不會記得形體上的缺陷。

換個角度看待生死問題

若鬆開對於生死的執著，意識到死亡後將不再有人世間的苦難，則死未必是一件壞事，因此當親友去世時，應以送行取代不捨哭泣，才合乎真正的禮節。

莊子枕骷髏，看見死後的世界

死後情景究竟為何？莊子用「枕骷髏」這則寓言，形構了一個很美好的死後世界，同時也說明為何不要執著於生的理由。

有一次，莊子到楚國時，看到一具骷髏已經乾枯了，便有感而發，用馬鞭敲他說：「你究竟是怎麼死的？是壽終正寢、意外，還是做錯事羞愧而死？」說完便將骷髏拿來當枕頭睡。

當晚，骷髏來到莊子的夢中，對莊子說這些都是在世之人的憂患，死後不但沒有，還能夠擺脫國君的統治、官吏的管轄，不用受春秋季節限制而忙於耕種，能夠自在的與天地長長久久，死後快樂得像國君坐擁天下一樣。莊子問他，若此時有機會，他願意復活回歸家人懷抱嗎，此時骷髏反而面露憂愁，不想再回到人間經歷活人的苦難。莊子藉由這則故事，要人們不要存有「生必定快樂、死必定痛苦」的執著；此外，莊子也藉這則寓言表現出，人與人之間的情感其實是種人生在世時所無法擺脫的負累。〈至樂〉

對生死的態度表現在禮節的呈現上

對一般人而言，死是一件難過的事，自然會舉行哀戚的喪禮對死者表達情意；然而莊子卻從另一個角度來看，認為死亡是必經過程，因而藉「臨尸而歌」的寓言，體現出對人的死亡可以有不同表現情感的方式。

子桑戶、孟子反和子琴張這三人是好朋友。孔子聽說子桑戶去世，派門生子貢前往弔喪。子貢到現場，不見傷心痛哭的場面，反而看到孟子反和子琴張編曲彈琴，相和而歌，神情和平日沒有兩樣，便指責他們說：「你們在死者面前唱歌，符合禮節嗎？」只見兩人相視而笑答：「你知道什麼是禮真正的意義嗎？」這則寓言藉子貢和孟子反、子琴張來表達出看待死亡的角度不同，對喪禮所應表現出來的態度也明顯不同。子貢代表的是一般人，認為親友去世就該以符合喪葬的禮節來為其弔唁；孟子反和子琴張則代表超脫世俗的修道之士，認為死亡只是人必經的生命歷程，並為子桑戶能超脫有限個

體，返回天道自然，與無限天地造化同遊感到高興。所以在子貢指責他們不符合禮節時，反過來嘲笑子貢才不懂得禮真正的意義，禮並不是只有侷限在外在儀式、制度而已，而是能夠反映出其真正意涵，也就是發自內心的真實祝福，才是真正的禮。〈大宗師〉

孟子反與子琴張為「方外」之士

　　子貢深受儒家薰陶，而儒家最重視禮法制度，主張做任何事都要合乎禮節，因此子貢對於孟子反和子琴張的行徑相當不能接受，回去後將這段經過告訴孔子。孔子聽完後說他是「方之內者」，而孟子反和子琴張是境界更高的「方之外者」。

　　所謂的「方」，原意是指區域、界線，孔子在這裡所指的是「禮法制度」，亦即孔子做任何事情都講究禮法制度，行事皆在其內；而孟子反和子琴張則超脫世俗禮法的架構，與天地造化同遊，覺得活著像是多於累贅的疣瘤，死亡則像是膿瘡潰破一樣，他們既已打破生死界線，超越生死的分別與執著，又怎會在意是先有死還是先有生？更不會反過頭來用世俗所謂的禮法來約束他們自己，表演給別人看，他們的層次已超越孔子，是真正能體會逍遙真諦的修道之人，因此孔子才說，我派你前去弔唁，反倒顯出我的淺陋了。

　　子貢聽了孔子「方之內」與「方之外」的分析之後，便問孔子他是處於何者。此時孔子感嘆說：「我天生就是受上天的刑罰，注定要勞苦一生的人！」因孔子以仁義、禮法為處世原則，明知自己肩負著天下如此大的責任，是處於「方之內者」，但仍對拯救世人責無旁貸，讓他的心無法自在逍遙，因此才形容自己是「受到上天的懲罰」。

從老莊角度看現代人的喪禮

　　現代人的喪禮儀式大多講究排場，認為葬禮要請孝子孝女哭喪、電子花車，場面才夠鋪張。但從老莊的角度來看，真正的禮是要能發自內心對死者的祝福，這些不過只是徒具形式的虛假，絲毫沒有禮真正該有的精神。

● 改變角度，就能超脫生死

死後世界

不會發生
意外

不必
羞愧

無
國君統治

不會
挨餓受凍

沒有
四時變換

沒有
官吏管轄

不會
年老

比當國君還快樂呢！

既沒有死去過，怎知死亡不好？

● 不必害怕死亡，留戀生命，或許死後的世界也不錯。
● 並非要人們結束生命，而是要反轉貪生怕死的固執心，順應生死即可。

例子

麗國有一個美女在剛被擄到晉國時，因擔心未來命運而傷心流淚。

後來受到君王恩寵，生活優渥，對於之前的哭泣感到後悔。

轉換心境，看待死亡

孟子反、子琴張臨尸而歌

子桑戶去世，好友孟子反和子琴張在死者面前彈琴唱歌，神情亦不哀傷。

莊子鼓盆而歌

莊子之妻子去世，莊子敲著盆子唱歌。

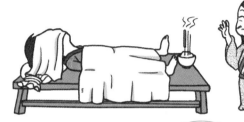

孟孫才弔母

孟孫才與別人不同，雖沒有在外在喪禮形式上簡化，但心情平和，已在內心超脫。

孟孫才有別於他人，因他仍遵守世俗禮節，但最主要的是心不被禮節約束。

方之內與方之外

方之內

例子 謹守禮教的束縛。

我是承受上天刑罰的人，要為天下人負重。

孔子　子貢

方之外

例子 看淡生死，打破世俗禮法的限制，是真正體道之人。

孟子反　子琴張

境界比孔子更高

第 7 章

名言成語看老莊哲理

我們現今所用的許多成語,部分出自《老子》和《莊子》,如「東施效顰」、「井底之蛙」等等。這些成語往往在經過數百、甚至數千年的引用後,與原始用法產生一段差異。本篇即是從其原文出處探索其源,推敲其原本的意義是什麼,如此有助於人們更加了解老莊的思想義理。

因感官有限，造成識見淺薄

「井底之蛙」、「夏蟲不可語於冰」皆是出自《莊子》，莊子藉由這些比喻，要人們意識到識見淺薄往往多來自於感官的有限性，進而打破心知對所認識事物的執定。

井底之蛙：形容人的識見淺薄

　　成語「井底之蛙」出自《莊子》中的一則「坎井之蛙」寓言。蛙生活在井裡，以為這口井就是整個世界，自得意滿的向東海巨鱉炫耀，說牠在井底裡生活有多麼自在愜意，要東海巨鱉也過來看看。

　　東海巨鱉試圖鑽進井裡，但左腳還沒有踏入井中，右邊的膝蓋就被絆住，這小小的井根本容納不下牠的大身體。東海巨鱉告訴井蛙海的廣大、深遠，井蛙這才知道自己的見識淺薄，覺得很慚愧。莊子藉「坎井之蛙」來說明人的識見淺薄。〈秋水篇〉

夏蟲不可語於冰：應學會打破自身條件的限制

　　莊子隨後探討識見淺薄的原因，莊子說：「井蛙不可以語於海者，拘於虛也；夏蟲不可以語於冰者，篤於時也；曲士不可以語於道者，束於教也。」〈秋水篇〉井蛙與夏蟲都是因為自身的有限性，而使自己的認識受限。井蛙受限於生活空間，即使跟牠說海有多廣，牠也會因為居住於狹小的井裡而無法了解；夏蟲因為生長壽命只有短短的一季，即使跟牠說冬天有多寒冷，牠也無法體會。因此一個人對世界的認識會受到知覺的限制，而無關身體大小或是貧富與否，因為人是依靠眼、耳、口、鼻等感官來感知萬事萬物的，而形軀是有限的，眼睛所能看到的距離、耳朵所能聽到的範圍也都是有限的，因此所產生的識見也會是有限的。

　　所以莊子藉這則寓言，來告訴人們即使有先天條件上的限制，也不要自我受限，更不要自鳴得意，要努力打破這道束縛，不要讓無限的心因有限的感官而被牽制住，要將心清出一個空間，以寬大的心來容納那些超乎我們以往認知的事物，否則就變成一個「束於教」的「曲士」（指見識淺薄、孤陋寡聞的人）了。

●坎井之蛙與東海巨鱉之別

坎井之蛙

東海巨鱉

眼界小

因生長環境為一口井，以為整座井就是一個世界。暗喻眼界淺薄短小的人。

眼界大

生長在廣大的東海，不但體型巨大，眼界更是寬廣。

二者均受限於環境

＋

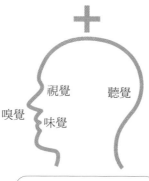

視覺　聽覺

嗅覺　味覺

觸覺

心藉由感官來認識萬物

變成曲士

● 心知受到侷限，識見因而短淺。
● 猶如盲人摸象，摸到什麼便說什麼，無法掌握事情的全貌。

突破限制

● 不被先天條件所束縛，主動向外探知，開拓識見。
● 如同部分殘障人士不自我框線，身殘心不殘，反開拓出無限可能。

秋毫之末：不要執著於分別比較

「秋毫之末」是指鳥獸在秋天時為避寒所長出的絨毛頂端，是非常微細之物，因而在今日成語中用來比喻極微小的東西，見於《孟子》與《莊子》。但在《莊子》中，除了用來表示微小的東西外，尚有其更深一層的意義。

首先《莊子》說：「天下莫大於秋毫之末，而泰山為小；莫壽於殤子，而彭祖為夭。」〈齊物論〉以一般人的眼光來看，泰山很大而秋毫之末很小、彭祖很長壽而殤子（從小就夭折的孩子）很短命，但莊子為打破人們的既定印象，卻說高大的泰山不過是區區小山，天底下最大的東西是秋毫之末；具五百年壽命的彭祖是短命的，沒有比殤子更長壽的人。接著在〈秋水篇〉，「秋毫之末」再度出現，河伯（河神）原先對自己的水量豐沛感到自豪，卻在看過更廣大的北海後自慚形愧，問海若（北海之神）說：「吾大天地而小毫末，可乎？」河伯代表的是世俗人的觀點，認為天地最大、而毫末是最小的。海若則告訴他，大小的分別沒有一定，人們對大小的認知會根據時間和空間的差異而出現改變。如從遠處看大山，便會覺得它很小；即使是同一件事，古人與今人也會因價值觀的相異而有不一樣的解讀，因此大小之間的分別沒有一定，心知也無需執著於小大的分別比較。同時莊子亦藉這兩則寓言凸顯出世俗之人如同井蛙和夏蟲，以為自身所見就是天地的全部，對於眼前的事物沾沾自喜，殊不知人外有人、天外有天，應擴充自己的眼界及心，努力跨越自身侷限，破除世俗之人對小大既有的觀念的定執。〈秋水篇〉

●河伯與海若對話解析

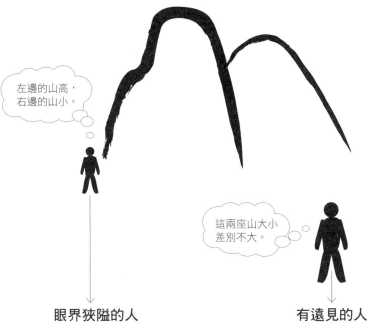

左邊的山高，
右邊的山小。

這兩座山大小
差別不大。

眼界狹隘的人

目光短淺，所看到盡是事物對
象，因而做出各種區別。

有遠見的人

識見廣遠，可宏觀看清全部，
而不會計較枝微末節。

把遠見運用在人生上

了解古今沒有不同

⬇

遙遠的不覺得苦悶，近在眼前的不去
追求。

看透尊卑沒有分別

⬇

不會致力於求取高官厚祿，即使身處
窮困也能活得自在快樂。

對得失不會驚懼

⬇

得到不會感到歡喜，失去也不感到憂
愁。

明白生死沒有好壞

⬇

生的時候不會喜悅，死的時候也不認
為是禍患。

成心蒙蔽世人而使其看不清真相

《莊子》透過「師心自用」、「大惑不解」、「蝸角之爭」，說明每個人都會透過成心來看這個世界，但成心是主觀的，會遮蔽我們的判斷，因而無法全面認識真相。

師心自用：世俗之人往往習於用成心看待事情

「師心自用」是現在非常常用的成語，用來形容人依循並堅持以自己的意志做事，不理會他人的勸告。《莊子》書中雖沒有直言「師心自用」四字，但意思亦相去不遠。

《莊子》中說：「夫隨其成心而師之，誰獨且無師乎？奚必知代而心自取者有之？愚者與有焉。未成乎心而有是非，是今日適越而昔至也。」〈齊物論〉這句話是說，每個人都有成心，就算再愚笨的人也有成心，每個人也都透過成心而有是非價值標準，然後再通過這個標準去評判世間萬物。沒有成心，卻有是非價值判斷，就好像今天要前往越國而昨天已經到了一樣，是不可能的。以今日的話來說，成心就是主觀偏見，人往往習於用偏見來看事情，而不願或不知道用全觀的角度來看，因此真相往往就在偏見中被遮蔽住了。

大惑不解：人往往因成心而看不見真相

成語「大惑不解」出自《莊子》：「知其愚者，非大愚也；知其惑者，非大惑也。大惑者，終身不解；大愚者，終身不靈。」〈天運〉這裡的「愚」、「惑」不是指智力低下，而是指人囿於主觀偏見，也就是成心，而看不清楚真相。莊子認為，能意識到自己對真相不了解、反省自己對事物的看法，僅是識見有偏限，並非真正迷惑、愚昧的人，因為他們在意識到自己識見有限的同時，其實就已經看到一部分的真相。

真正迷惑、愚昧的人，是讓心執定於自己所認可的標準、觀念，而無法看清真相、認清事實，這樣的人是不會意識到自己的見解是有限的。莊子又認為，世俗之人往往都是無法看清楚真相的人，因為他們隨波逐流、人云亦云，沒有自己的判斷；從另一個角度來看，也可以說他們認可世俗的標準，一味地跟隨，因而沒有意識到問題的存在，所以說他們「大惑、不解」。但

●跟隨成心的結果

成心

成心是每個人都有，用來判斷
是非善惡的預設標準。

迷惑看不清

- 成心是主觀成見，用它來看事情會導致真相看不清。
- 跟隨自己的成心，容易固執己見，反駁、攻擊他人。
- 看不清楚真相的人，稱為大愚大惑者。

情況1

意識到自己大愚大惑者

在意識到自己大愚、大惑時，其實
就已經看到部分真相。

➡ 並非真的大愚！

情況2

世間人多
屬此類。

未意識到自己大愚大惑者

心知執定自己主觀的認可又沒有意
識到自己觀點的侷限性。

➡ 這才是真的大愚！

形成蝸角之爭

像是在丁點大的蝸
牛角上搶奪地盤。

「大惑不解」今用來指某人或某事讓人感到迷惑不能理解，與原意有一定程度的差異。

蝸角之爭：看不清侷限的人，往往聚焦於微小的利益

沒有意識到自己識見不足的人，往往會陷於一己之利益而爭得頭破血流，《莊子》中就有一則「蝸角之爭」寓言，用來比喻這種人。

蝸牛觸角上有兩個國家，在左角的叫觸氏、在右角的叫蠻氏，觸氏與蠻氏常為了爭奪土地發生戰爭，每次打仗往往會造成數萬人死亡，戰爭所帶來的仇恨讓他們每次都花很長的時間在追逐戰敗的士兵上。以人類的角度來看，整件事是非常荒謬可笑的，蝸牛的體型已經很小，這兩個國家還為了爭奪土地打得死去活來，但事實上莊子是要藉這則故事來比喻我們所爭的東西往往是非常微不足道的。身處蝸牛角上的觸氏與蠻氏看不到自己的有限性，單從己身角度去追逐心知所認可的價值標準；世間人也往往是如此，從自己的觀點和角度出發，認為自己追求的是有意義的事，但若從更大一點的角度來看，很可能這些東西都是微乎其微的。如世俗之人常執著於名利權勢的追求，但換個角度想，名利權勢不過是時機所至，當時機一過或是身亡離世時，就有如過眼雲煙，絲毫都不存在，當我們意識到這一點的時候，心便不會在追逐這些微小的事情上。今成語「蝸角之爭」的用法與莊子一樣，都用來比喻所爭奪的利益極小。〈則陽〉

●蝸角之爭的寓言故事

魏
國君魏惠王因齊
威王失信，憤而
欲攻打齊國。

征戰

齊
國君齊威王違背
魏齊之間互不征
伐的盟約。

=

齊魏之爭就像是蝸牛的兩個角上有
觸氏與蠻氏兩國，為了極小的利益
而大動干戈，造成數萬人傷亡及彼
此的怨恨。

蠻

觸

從廣漠的宇宙來看，這樣的征戰
理由根本可笑且微不足道。

無心無為才能天長地久

老子認為無心無為才是天地能長久的原因，連天地間的狂風和驟雨都無法持久，可見人為的造作有為更是短暫。了解這一點後，金玉滿堂的富貴人生就沒有什麼好追求了。

飄風驟雨：不順應自然之事，必無法長久

今人將「飄風驟雨」形容為突如其來、無法持久恆常之事，但在《老子》原文中，有更深一層的意義。《老子》說：「飄風不終朝，驟雨不終日。孰為此者，天地，天地尚不能久，而況於人乎。」〈第二十三章〉老子認為，自然現象中的狂風暴雨是天地的有為造作，儘管由恆久的天地所生，但亦無法持續很長的時間，既然連它們都如此，名利等的人為造作就更不可能長久了，即使得到，亦只能短暫擁有。老子藉由這句話，說明若不順應自然、想要強求的話，不但無法長久，還會適得其反。

金玉滿堂：過度執定財富，反而會帶來災害

再深一層來看，《老子》說：「金玉滿堂，莫之能守；富貴而驕，自遺其咎。」〈第九章〉說明人若執著於所追求的事物，即使再好，亦會生出惡果來。世人都希望擁有很多財富，但真的有錢之後，態度變得高傲，以為擁有一切，結果被不肖之徒所奪或是鋪張揮霍，因而落得一無所有。若我們的心知不去執定富貴，就不會想要得到它，那麼自一開始災害就不會找上門來。「金玉滿堂」今已轉換為在新的一年，或是新居落成時期望祝福的對象能夠家財萬貫、富貴喜慶的祝賀語。

天長地久：順應自然才會長久

人們經常用「天長地久」來祝賀新婚夫婦間的感情長長久久。但若將「天長地久」放在出處來看，是指天地存在的時間無窮無盡，亦指天地實現萬物的作用之久遠。此外，老子也探討了天地長久存在的原因：「天地所以能長且久者，以其不自生，故能長生。」〈第七章〉這裡的天地是指恆常不變、又長久存在的「道」，整句話的意思是說，天地（道）之所以能長久存在而不消亡，在於它不執定自己的存在，並提供一個空間，讓萬物隨性成長，實現自己。如今人們身處於複雜多變的社會，在待人接物上也應學習道的順應自然，才是長久之道。

●為什麼要順應自然？

狂風驟雨

- 狂風、驟雨等自然災害往往為人們的生命財產帶來極大損傷。
- 看似恐怖，但它們都很短暫，最多幾天就會消失。

 颱風風勢、雨勢凶猛，經常造成土石流、淹水等，但不久就會減弱為熱帶性低氣壓。

↓

- 就連永恆的大自然所產生的造作也不能長久。
- 比大自然更渺小的人類，其造作就更微不足道。

金玉滿堂

- 名門望族看似物質享受豐厚、政商關係良好。
- 但背後卻是奢侈浪費、子孫不肖，因而導致家道中落。

 《紅樓夢》中的賈家顯赫一時，但最終卻落得家破人亡的慘澹收場。

↓

- 人們容易迷失在金錢和慾望中而被腐化或覬覦。
- 名利權勢不但不能長久，還可能會傷害我們。

> 不順應自然的情形，都是短暫的。

道（天地）

- 道提供空間，讓萬物成就它自己而不加以干涉，並在實現萬物後隨即隱退。
- 道讓人幾乎感覺不到其存在，而不彰顯自己的才能的態度，正是它的長久之道。

例子 道在天地間默默地化育萬物，已有千千萬萬年之久。

人

- 人若想要長長久久，就要效法道「無為自然」的精神。
- 在社會上不居功、不過分張揚，適時將機會（利益）與他人共享，得不到時也不強求，才能挺過考驗而不招致禍端。

例子 若在工作上搶走他人的功勞，必會引起別人報復。

> 順應自然，才會長長久久

對比兩面的觀看方式

老莊認為，生死、禍福、有用與無用、柔弱與剛強等分別皆來自於主觀認定，並沒有一定的判斷標準，因而要人們改用多元角度來看事情，如使才能使我們處事圓滑而長長久久。

禍福相倚：是禍是福端看個人認定

「禍福相倚」出自《老子》：「禍兮福之所倚；福兮禍之所伏。」〈第五十八章〉單從字面來解釋，就是「『禍』倚靠在『福』的旁邊，『福』潛伏在『禍』的裡面」，若再往下推敲，可以理解為「禍」、「福」都是由來自主觀標準，現實生活沒有一樣事物叫做福、也沒有一樣事物叫做禍，如人們認定功成名就是福、無功無名是禍，但對老莊來說，追逐功名會造成生命困苦，因而是禍，無功無名能活出生命的自由自在，所以是福。

由此可知，同樣的一件事，可能有好的一面、也有壞的一面，但究竟是好是壞，端看從哪個角度去看。因此，最好的對應方式是，當我們在享福的時候，不要執迷於眼前的安逸，要預先設想禍患發生的解決之道；當處在禍患的時候，也不要太灰心喪志，要意識到「危機就是轉機」，我們仍可從危機中發掘機會，進而翻身扭轉時局。

以柔克剛：看似柔弱，反戰勝剛強

與「禍福相倚」相似，《老子》另外一個具有兩種對比的觀看角度的例子，是「以柔克剛」。

「以柔克剛」出自《老子》：「柔弱勝剛強。」〈第三十六章〉一般認為柔弱的東西不可能戰勝剛強，但必要時柔弱的東西卻可能會發揮出令人意想不到的力量，而比剛強的東西還要強。如水是天底下最柔弱的東西，但它卻可以侵蝕存在幾千年的岩石，其關鍵點就在於水所發揮出來的是圓融、有恆不懈的特性，可不疾不徐地達到最終目的。而從主觀修養來看，若讓心知執著並追求主觀認定的福就是剛強。剛強的心可以驅使人們為了追求內心所慾而不擇手段，並使人喪失原有的自在天真，最終走上絕路；只有用柔弱的虛靜心處事，讓心不執定、不追求於特定的價值標準，如停止追名逐利，才能讓生命靜下來，返回生命的本真，展現源源不絕的生機。

●正反兩面的互相轉化

禍福本來就是一體兩面

禍和福就像事情的一體兩面,從這一方看是禍,從另外一頭去看又是福,沒有人能判定什麼一定是禍、什麼一定是福。

從正面看

人們都喜歡被認為是好的事情,因而致力於取得它們,或容易過度執取。

例子 出外旅行可暫時遠離塵囂,又可增廣見聞,因此很多人視為充電之旅。

從反面看

若輕忽大意事情的發展,或因偏愛而過度執取,再好的事情也會產生不好的事情來。

例子 旅遊途中因忽略個人安全而發生意外,導致求助無門。

當處於安樂時要想到憂患,處於憂患時,就要想如何盡快度過危機。

柔弱也會勝剛強

人們習慣說柔軟的東西是「弱不禁風」,堅硬的東西是「堅不可摧」,但所有事物不是只有柔弱或剛強這單一面向而已。

從表面看

柔弱的東西,有時反而最有韌性,而能以這個韌性勝過剛強。

例子 母親在遇到強盜搶劫時,為了保護小孩而奮力抵抗,制伏壞人。

從實際看

剛強的東西看似強韌,卻往往在柔弱的回應下,迅速崩潰,不堪一擊。

例子 強盜遇上為救小孩而奮勇抵抗的媽媽時,無可奈何,只好落荒而逃。

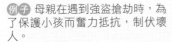

最好的方法,就是讓自己的心像水一般圓滑,當遇到事情時,不是一味忍耐,而是該硬則硬、該軟則軟。

東施效顰・邯鄲學步

追求美卻失去了原有的真美

莊子藉由「東施效顰」及「邯鄲學步」來告訴人們當心知認定好的價值標準，並不惜一切代價去追求它時，可能導致的是不好的後果，只有發現自己獨有的特色，並加以發揮，才是最可貴的。

東施效顰：執著於標準而看不見真相

　　成語「東施效顰」出自《莊子》，形容只知一味模仿別人，非但沒有帶來預期效果，反而適得其反的人。故事敘述美女西施有心痛的毛病，當她走路突然心痛時，便會不自覺撫胸皺眉，同村的村民都覺得嬌弱的模樣讓她看來更美，村裡有個相貌醜陋的女子也覺得西施這樣很美，便效法西施心痛走路的模樣，但此舉卻讓她看來更醜。

　　這個醜女最大的問題是在於她不知西施為何美，西施的美，不在「皺眉捧心」這個動作，而在於她本身就麗質天生，這是學不來的。醜女不知道這點，以為只要做這個動作就是美，心知將美執定在「皺眉捧心」上，反倒弄巧成拙。

　　其實不只醜女東施，一般人亦多將眼光執定於美醜、是非、善惡等等的分別與標準上，而看不清這些事物的本質。正如同現今社會「整形」之風盛行，由來自大家認為某一種五官樣式才是美，這個美就是一種被分類過後的標準。所以老子才會感嘆：「人之迷，其日固久。」〈五十八章〉，人執迷於美醜等價值標準，而看不清楚事物的本質已久。〈天運〉

邯鄲學步：失去自己原有的美好

　　當人執迷於美醜等價值標準，不但會使自己看不清事物的本質，還有可能會導致更不好的後果。成語「邯鄲學步」出自《莊子》，講述一名燕國少年，因人人都說趙國人走路的姿勢很好看，便千里迢迢到趙國的邯鄲城去學習，最終不僅沒有學會，連自己原先的走路方式都忘記了。世間很多人就像這個少年一樣，執定於世俗所認可的價值標準，而付出極大的代價去追求，但過度執取的結果，卻是忘記自己原本所擁有的就是獨一無二、別人無法複製模仿的美好，並將這個天真美好給丟失了。就像是一味的追求流行，流行什麼就穿什麼，不管適不適合自己，結果便是缺乏個人特色。今「邯鄲學步」與原始用意相去不遠，用來比喻模仿別人不成，反而失去自我。〈秋水〉

● 受限於價值標準所造成的惡果

區分價值標準

😞 **我不喜歡**

例子 粗茶淡飯、衣衫藍縷、家徒四壁……

😊 **我喜歡**

例子 山珍海味、錦衣華服、高樓大廈……

結果……

惡果1 無法全觀,而看不清事情的本質

實例 東施效顰

● 醜女東施認為西施的美來自於捧心皺眉而學她,卻被鄰里認為更醜。
● 東施只知道西施皺眉很美,卻不知她的美其實是來自麗質天生。

分析

● 眼光只停留在某一層面,無法全面掌握事情的真相。
● 過度執取心中選定的標準,導致走火入魔。

↓ 甚至

惡果2 失去原有的美好

實例 邯鄲學步

● 燕國少年聽說趙國人步伐很美,便到趙國去學走路。
● 非但沒有學會,連原先走路的步伐都忘了。

分析

● 每個人都有獨一無二的價值,不假外求。
● 若為了追求理想,而拋棄原來價值,無異是捨近求遠。

慎終如始

在問題還沒發生之前就解決它

老子以慎終如始勉勵人們做事時宜保持像剛開始時那樣的謹慎小心，如此方得成功。最忌因受限於自己的價值標準或慾望而有刻意作為，如此將適得其反，產生不好的結果。

慎終如始：一開始就杜絕病源

今人常用「慎終如始」這句話來勉勵自己做事要謹慎，又說「千里之行，始於足下」來提醒自己做事要一步一步循序漸進，才能獲取成功。兩句話看似不相干，但在原出處《老子》中，卻是一體兩面，有其更深一層的涵意。

一般人做事，無論是學業、工作，或是國君治理天下，開始時總是會非常謹慎，希望能有一番作為，但最終多是以虎頭蛇尾告終，不是在過程中紕漏百出，就是在最後出現無法挽救的漏洞，導致事情結束。為何會如此，就是因為問題是從細微的地方一點一點累積而成的。正如同大樹也是從小樹苗開始生長、九層樓的高台也是從一筐筐的泥土開始慢慢蓋起來、千里之行的路程也是一步一步慢慢走出來的。一般人總是習慣看到問題後，再來思考解決的方法，但老子認為，應該要在問題的徵兆還很小或是還沒產生之前，就先杜絕可能的禍源，就像生病的人，若從一開始出現症狀時就積極治療，就不會衍生成大病。

刻意作為，卻是帶來反效果

而開頭美好、結局潦倒關鍵因素，就在於刻意作為。《老子》說：「為者敗之，執者失之。」〈第二十九章〉愈是在意，就愈可能造成反效果，如國君愈想展現自己的統治力，不時推出新的政策，百姓便愈會無所適從；公司愈想多元發展，反會讓自己焦點模糊、定位不清；父母愈想讓孩子多才多藝，反而讓孩子心理壓力大、學什麼都不道地。因此，老子鼓勵人們要解消對價值標準、名利慾望的執著，沒有執著，就沒有刻意作為，事情就不會扭曲而產生反效果，最終也不會導致失去，如為追求更高的利益，不惜殺價競爭，導致兩敗俱傷的局面。並要「慎終如始」，像一開始面對事情時那樣的戰戰兢兢、小心謹慎，對於每一個小細節都不輕忽，持之以恆，如此便可亂源不生或是及早發現亂源，除此之外，無需刻意再去多做什麼事，國君要做的，就是維持一個國家的安定及正常運作，如此「則無敗事」。

●防範於未然

開頭美好

- 人們習慣在一開始做事時很謹慎，一步都不敢鬆懈。
- 正因為小心注意，所以最不容易出錯。

受到世俗價值左右

刻意做好

希望好還要更好。要求愈來愈多，失去原先的質樸之美。

 統治者想要有一番作為，勤於改革，人民只得應付了事。

無論哪一種都是刻意造作，終將造成不好的結果。

刻意做壞

想追求更多利益，因此不惜降低品質，也要達到目的。

 電視台為想要更高的收視率，劇情灑狗血、歹戲拖棚。

結局潦倒

- 事情在發展途中被扭曲原來的本質，朝向不好的方向發展。
- 為達到目的，甚至犧牲其他人也在所不惜。

要「慎終如始」，如同開始時那樣，自始至終都謹慎處事。不過，要留意不要刻意造作，以免適得其反。

第 8 章

為什麼老莊對後世的影響那麼深遠？

兩千多年來，老莊思想對中國知識分子的影響並不亞於儒家思想，老莊的出世、灑脫，與儒家的入世、積極進取，生命情調各異，卻經常同時存在於讀書人的內在。尤其是文學、藝術領域方面，受到老莊思想的影響更是深遠，在一向務實的中國社會裡，老莊思想開創出了天馬行空的想像空間，大大延伸了文學和繪畫表現的觸角和表述方式。

傳統書畫追求意境更重於形式

老莊從未針對藝術創作、觀賞發表言論，但崇尚自然、隨性發揮的特色卻被後代的創作者援引在書畫創作上，從唐宋以來，「水墨畫」成為中國意境最高的畫作。

在書畫裡表現老莊的自然觀

中國書畫向來有別於西方的寫實畫法，以寫意為主流，重視意境呈現，不重視形似上的描繪，所謂「取法自然」、「以形寫神」、「氣韻生動」等，這些在中國書畫論理強調、追求的特色，正是源自於老莊思想。老莊主張道隨順事物自然本性的發展，「自然」即是自己如此、自己而然，因此書畫貴天成自然。這樣的觀念使中國的書畫創作不重雕琢、不講工筆、不追求形式，而是講究創作者表達了什麼意境、情趣，貴在表達出創作者的真性情。

書畫中表述老莊的具體手法

在崇尚自然的原則底下，開展出中國書畫上的主要特色。如受到老子「見素抱樸」的觀念影響，認為多不如少，使得中國書畫並不崇尚華麗而無用的裝飾，而是以只用少數顏色點綴、或甚至完全不用色的水墨畫意境為最高，相較於西方繪畫，呈現出一種樸實之美。

除此之外，老莊「崇尚自然」、任萬物隨性發展而不加以干涉的態度，也發展出獨有的「潑墨」畫法，將墨噴灑在畫布上，任由墨水隨意傾洩，作者再根據墨水傾洩的情形順勢提點成一幅畫，講求的是隨興發揮、不事先刻意尋思構圖，因此創作出來的作品可能是一幅山水、也可能是一個佛像。

在中國繪畫中具重要地位的「留白」，亦是受到老莊「有無」觀念的影響。所謂「留白」，就是作者在構圖時不將畫面填滿，留下部分空白，有時景物甚至只占畫面一小角，目的在於用留白的「虛」來襯出景物的「有」，一如老子認為「無」是「有」之所以能夠實現的基礎。作者靠「虛」、「無」來「成全」他的畫作，觀者也可以透過這個「虛」、「無」，對這幅畫作進行延伸、發揮與想像，因此也可以說讓觀者在想像中「完成」了這幅畫作。「留白」的觀念，除了繪畫，在書法、文學作品上皆可看見其運用。

●國畫裡充滿老莊影子

老莊鼓勵人們發揮真性情，因此中國書畫最講究創作者意境的營造，形似反在其次。

不填滿整個畫面，讓觀賞者有想像空間，符合老子「無」的精神。

©123RF

老子「見素抱樸」的觀點也體現在淡墨渲染，表現出水氣的效果，營造出似有若無的空氣感。

中國書畫不喜華麗，少用色或不設色，以水墨畫為主。

老莊的崇尚自然，促使讓墨自由發展的潑墨法產生。

155

儒道共同形構傳統文人樣貌

中國知識分子自古以來即以在朝為官為人生最大目標，但受挫者眾，這些失意文人藉由老莊的撫慰，將不平之氣轉換為一部部經典文學之作，也塑造出文人潛在的自我探索性格。

老莊道家為中國知識分子潛在性格

　　儒家與道家可以說是中國知識分子生命中的兩大成分之一，雖然儒家居中國學術思想的主流，中國知識分子也認同儒家的積極入仕主張，以科舉晉升為終身努力的目標。但官職有限、競爭激烈，知識分子若要經由科舉入仕，需經過層層關卡，最終只有少數人才能夠站上金字塔頂端。因此絕大多數的知識分子，都是在官宦這條路上失意的人。這些文人不乏飽讀詩書、滿身才華，卻不適合科舉這個世俗標準，而撫慰這些失意文人受挫心靈的，正是致力於解消相對價值標準的老莊思想。文人藉由老莊意識到科舉非但不是人生唯一的路，相反地，還是一座會箝制心靈與思想自由的牢籠，他們將才華發揮在作品上，一方面藉此傾洩情緒，一方面也在鼓勵人們打破既定思維，追求心靈的逍遙，因而創造出一部部膾炙人口的作品。如果說儒家是千百年來中國知識分子的外顯價值觀，那麼老莊道家就是他們的潛在性格。

在逃避混亂世局中產生玄學

　　文人的失意不僅表現在科舉之路上，也有可能出現在願進入官場後，在官場傾軋中落敗，遭到貶職、流放，或甚至葬送性命。如魏晉南北朝時政治封閉又黑暗，政局全由世家大族壟罩，導致寒門出身的人不容易躋身官場。甚至就連部分世家大族的子弟也可能在局勢流轉之中遭受排擠，因此，這些文人除在老莊的撫慰中創作出經典文學作品外，一方面也以清靜無為的老莊為本，空談虛無，除寄託心靈外，也是為了逃避混亂的世局，因而帶動注釋老莊的風氣，與玄學（又稱為清談）的盛行。當時注釋老莊的名家不少，尤以王弼為代表，其所注的《老子》至今仍是流通最廣的版本，對現今研究老子思想的學者有很大影響。郭象的《莊子注》對後世研究《莊子》學說也有很大影響。至於清談則以《老子》、《莊子》、《易經》為主要內容，《易經》雖是儒家經典，但當時的名士習以老莊的角度來理解，因此《易經》對後來的道家及道教也有一定程度的影響。

● 受老莊思想影響的知識分子

唐 李白

- 唐朝浪漫派詩人，其人其詩皆有很重的道家色彩。
- 不畏權貴，曾在寫《清平調》時要求玄宗寵信的宦官高力士脫靴。
- 其詩勇於打破傳統格局，並有崇尚仙境的描寫。

宋 蘇軾

- 北宋大文豪，少年時即以文才著稱，晚年卻歷經貶謫。
- 文風豪放、富含人生體悟，〈定風波〉、〈赤壁賦〉、〈臨江仙〉等作品皆具有超凡意境。

東漢 曹操

- 軍事家，三國魏的奠基者，亦以文才聞名於世。
- 其詩既雄壯豪邁又抒情，如〈陌上桑〉表達出對天的敬畏，與生命渺小的感慨。

明 唐伯虎

- 明代才子，少年即有功名，卻因捲入科舉弊案，從此無心仕宦。
- 築桃花塢，以創作自娛，自號「江南第一風流才子」。
- 曾以流連酒色、放蕩不羈避過寧王反叛之禍。

宋 歐陽修

- 北宋政治家，詩、文亦有名，晚年隱居時受老莊影響日深。
- 〈醉翁亭記〉描寫不受年歲限制，在山水間悠然自得的心境，「醉翁之意不在酒，在乎山水之間」為其晚年寫照。

清 蒲松齡

- 清代小說家，滿身文才卻在科舉中接連失意。
- 代表作為《聊齋誌異》，以中國常見的鬼怪為主角，諷刺現實社會的貪腐有時比鬼怪還可怕。

清 曹雪芹

- 清代文學家，家世顯赫，但後來卻因失勢而沒落。
- 其名著《紅樓夢》，正是其一生血淚的寫照，書中整個賈家的盛衰，呼應老子的「金玉滿堂，莫之能守」。

用有形美景描寫無形感情

最動人的文學，往往在痛苦之中淬煉而成，中國文學中盡是老莊對失意文人的撫慰，而在老莊崇尚自然的影響下，將人生情感盡付於美景，更是中國文學最大的特色。

以文字寫下人生的血淚體悟

老莊思想既為中國知識分子的潛在性格，可以說文人的創作潛藏著老莊的影子，特別是作者在最痛苦的人生中，用血淚所寫下的作品，因為痛苦的打擊與老莊的洗禮交錯而留下來的體悟，往往是最雋永的。如曹雪芹在家道中落後，寫下《紅樓夢》，將「榮華富貴、情情愛愛無須執著，轉眼便成空」的血淚盡付於書中。

「不著一字盡得風流」與由景入情

老莊思想對中國文學的影響，亦展現寫作的技巧手法上，其中受老莊影響的「留白」不只表現在藝術上，也是一種文學手法，常見於古典詩詞與小說，如唐代詩歌理論家司空圖在《詩品》中所說的「不著一字盡得風流」，說太多無益於情節飽滿，不說破、或是開放式結局反而更能留給後人想像空間。

另一個重要手法即是由景入情。在魏晉南北朝時，中國文學受老莊影響，逐漸從《詩經》的敘事傳統轉變成以抒發個人情志為主，而用有形的美景來象徵抽象無形的感情，既能充分體現，又符合老莊的崇尚自然精神。

內容表達人生哲理

後代文人對莊子寓言故事的神往，也使中國歷朝各代文學時常可見文人對神仙仙境的嚮往，反映出文人希冀在不如意的現實生活中，營造出另一個無憂空間的企圖。

內容上，也時常出現「焉知是福不是禍」的安排，一方面藉由情節的轉折來增加故事的可看性，另一方面也是希望能充分體現出老莊思想中「事物本身並無分別，而是人以觀看角度去對它做出價值判斷」的精神。

●受老莊思想影響的文學作品舉例

楓橋夜泊 唐‧張繼

月落烏啼霜滿天，
江楓漁火對愁眠。

姑蘇城外寒山寺，
夜半鐘聲到客船。

先用五個景的鋪陳後，才帶出「愁」的主題，使五個景也沾滿了愁緒。

因愁而難眠，甚至聽到了深夜裡寺廟傳來的鐘聲。

由景
入情

天淨沙 元‧馬致遠

枯藤老樹昏鴉，
小橋流水人家，
古道西風瘦馬。
夕陽西下，
斷腸人在天涯。

從枯藤、昏鴉到夕陽西下，都是在鋪陳「斷腸人在天涯」的孤獨。

琵琶行 唐‧白居易

忽聞水上琵琶聲，主人忘歸客不發。
尋聲闇問彈者誰？琵琶聲停欲語遲。
移船相近邀相見，添酒迴燈重開宴。
千呼萬喚始出來，猶抱琵琶半遮面。
轉軸撥絃三兩聲，未成曲調先有情；
絃絃掩抑聲聲思，似訴平生不得志。
……

作者不明講女子的美貌，而是用讓眾人痴等的方式來讓人好奇、期待她的出現。

留 白

159

放下權力慾望，追求心靈自由

魏晉南北朝時為避世局之禍，有不少文人選擇退隱不過問世事，或在文學作品中重塑一理想世界，但真正能彰顯老莊精神的，是勇於不被權勢慾望所惑，在平淡生活中發現人生真義者。

在山水中看淡世事

文學為文人心境的反映，尤其中國文人受到老莊影響者甚多，因此可在文學作品中看見老莊思想影響下所產生的各異人生觀。

魏晉南北朝時政局亂象紛起，許多在政壇失意的文人選擇親近大自然，無形中使以往相當受到推崇的隱逸之風又更上一層。原先這些文人希冀除了能夠全身而退外，還要麻痺自己，說服自己接受政壇黑暗不值得投入，強忍一連串的不平際遇，但身處山水日久，卻逐漸能體會出老莊「與天地萬物合為一體」的理想境界，在心靈上獲得真正的解放。

除隱居外，部分在現實生活中失意的文人，則在文字中塑造出另一個既與現世有別、又不受到現實環境限制的世界，以闡述自己的理想社會，如陶淵明的〈桃花源記〉展現出生活素樸心靈卻很充實的世界。這類文學發展到後來，演變成從另一個世界來看現世，進而看破世事，發出「再回首已是百年身」之嘆，如〈邯鄲記〉、〈南柯記〉等。

隱逸詩以陶淵明為極致

不論是隱居或是理想世界的重塑，某種層面上均屬於對現實生活的逃避，人生境界未必高。真正境界高的人生，必須在現實生活中力行實踐，接受種種考驗。因為能夠徹底看破名利的虛妄並主動捨棄已屬不易，遑論捨棄之後所面臨的生活困境，包括飢餓、沮喪等，這才是最深刻的人格氣節形塑所在。而在這樣的生活中還能自得其樂、笑看人生者，陶淵明是第一人。

陶淵明性喜自然，曾服膺於世俗價值之下為官，但最終仍是選擇「不為五斗米折腰」，只因其不願沉淪於官場的黑暗中，喪失原有的天真素樸。此舉恰與莊子「寧可當一隻在污泥中玩樂的小豬，也不願做一頭被宰殺獻祭的牛」的自述遙相呼應。而在田園農耕的隱居生活中，陶淵明以自適與快意的人生態度，寫下〈歸園田居〉、〈飲酒〉、〈雜詩〉等名作。這股氣質清新的田園詩風影響至唐代，出現孟浩然、王維等田園詩人，而一代詩人杜甫、蘇軾等對其亦有很高評價。

● 從陶詩文所見陶淵明的人生觀

雖一度投身官場，但還是因「性喜山林」而卸下官職，回歸田園……

寓形宇內復幾時，曷不委心任去留，胡為遑遑欲何之？
富貴非吾願，帝鄉不可期。

——歸去來辭（節錄）

還有多少時間可將自身寄託於天地？為什麼不順應自己真正的心意？究竟要讓自己不安的心到哪裡去？富貴榮華並非我所願，朝堂也不是我所期待的地方。

現實的田園生活，休閒有之，憂勞有之。

採菊東籬下，悠然見南山，
山氣日夕佳，飛鳥相與還。

——飲酒詩（節錄）

樂

在東籬下採菊花，悠閒的看著南山，山嵐在夕陽時顯得更有情調，在外覓食的鳥兒們也紛紛歸巢。

種豆南山下，草盛豆苗稀。
晨興理荒穢，帶月荷鋤歸。
道狹草木長，夕露沾我衣。
衣沾不足惜，但使願無違。

——歸園田居（節錄）

勞

我在南山下種豆，豆苗稀落雜草卻很旺盛，因此清晨就要去整理，直到天黑時才回家。道路狹小草木又高，露水把我的衣服給弄溼了，衣服溼了不要緊，只要我的願望能實現就好了。

**悠閒自適
的情境**

vs.

**農耕勞作
的甘苦**

春秋多佳日，登高賦新詩；
過門更相呼，有酒斟酌之。

——移居（節錄）

樂

春秋天氣晴朗，適合登高賞景寫新詩，經過對方門前就彼此打聲招呼，有酒就大家一起共享。

正夏長風急，林室頓燒燔，
一宅無遺宇，舫舟蔭門前。
迢迢新秋夕，亭亭月將圓；
果菜始復生，驚鳥尚未還。

——〈戊申歲六月遇火〉（節錄）

憂

盛夏風大，房子頓時燒光光，完全沒有剩下，只好用扁舟稍做遮蓋。轉眼已是秋天，中秋即將到來，果菜重新長出來了，但受驚的鳥兒仍未飛回。

無論是苦或甜，皆能平淡視之，正是陶淵明詩意境高遠之處。

對浪漫派的影響

付諸實踐老莊精神的浪漫文人

除了文學，李白、蘇軾這兩位大文學家可說以身體力行來實踐老莊的影響。儘管為官之路皆不順利，但他們卻可以平淡看待現實生活中的不快，將老莊的自在逍遙、隨順自然發揮到極致。

李白認為詩為人的本性之發揮

老莊鼓勵人們打破世俗價值限制的態度與順應事物自然本性發展的特性，到唐代時發展出以李白為代表的浪漫派。李白認為做詩不應有所為而為，講求順性發展，意至筆至，詩乃心靈之抒發，而非華麗的文字雕砌，與老子「見素抱樸」、「復歸於樸」思想相契合。表現在詩的文字形式上，便是打破詩的字數、格律限制，影響日後宋詞的發展，如〈將進酒〉：「君不見黃河之水天上來，奔流到海不復回。」。

內容上，李白的詩浪漫隨性、豪放不羈，不跟從世俗主流價值，如〈將進酒〉：「鐘鼓饌玉不足貴，但願長醉不願醒。」。題材上延續莊子與遊仙詩奇幻縹緲的風格，充分延展浪漫的想像空間，如〈夢遊天姥吟留別〉中描寫眾神降臨的場面和神仙洞府的情景，營造出「別有天地非人間」的仙境，充滿奇幻詭譎的色彩。而在真實生活中，李白更是打破一般人的既定思維，將月亮、影子視為酒友，留下「舉杯邀明月，對影成三人。」〈月下獨酌〉的名句，與莊子在〈齊物論〉中，將影子當成獨立個體，並將之擬人化的「罔兩問影」故事遙相呼應。

蘇軾之詩富含曲折人生所孕育而出的哲理

宋代另一位堪稱是浪漫派的大文人是文學全才蘇軾。蘇軾自小受到家教薰陶的影響，對任何事都保持熱情，也因此儘管仕途多不如意，時常受到貶謫，卻可以在顛沛流離之中保持隨順自在的態度，使其詩文以豪放著稱；加上與佛教的淵源甚深，使其詩作富含許多發人深省的佛道哲理，意境高遠。如〈題西林壁〉：「橫看成嶺側成峰，遠近高低各不同。不識廬山真面目，只緣身在此山中。」表面上詩是在寫因身處山中，無法看清（掌握）山的真實面貌，但實際上卻可以解讀為若將心知執著於所認可的價值標準，那麼所認識到的事物終將有限而無法看清世間萬物的真相，如同莊子寓言中的「井底之蛙」故事，唯有解消執著，方能看清人世間的無常變幻。

●李白與蘇軾作品中的浪漫情懷

李白作品

人生得意須盡歡，莫使金樽空對月。天生我材必有用，千金散盡還復來。
〈將進酒〉

即使被皇帝賜金放還，也不因此自憐自艾，李白詩中時常可見這種不被世事所擾的態度。

醒時同交歡，醉後各分散。永結無情遊，相期邈雲漢。
〈月下獨酌〉

李白以月、影為友，透露出自己不媚於世俗，超乎世人在無情之物中得到知己的態度。

夫天地者，萬物之逆旅；光陰者，百代之過客；而浮生若夢，為歡幾何？
〈春夜宴桃李園序〉

對李白而言，充滿理想的未來是不切實際的，只有隨遇而安把握當才是最真實。

（欄位補充）
歡愉的時候要盡情享樂，不要讓酒杯空對著月亮。上天既然生了我，就一定賦予我用處，錢財沒了，也可以再賺回來。

醒著的時候一起作樂，醉後進入夢鄉也只好跟月、影告別。真希望能夠跟它們永遠相伴，在另一個時空相會。

天地是讓萬物暫居的住處；光陰是橫越百代的過客。人生猶如一場夢，能有多少歡樂的日子？

蘇軾作品

人就像廣大天地間的一顆小米那般渺小。真希望能與神仙一起遨遊，與明月一同長存。寄蜉蝣於天地，渺滄海之一粟。挾飛仙以遨遊，抱明月而長終。
〈赤壁賦〉

蘇軾受到莊子的影響，認為人不過是宇宙中的一個成員，微小而不足道。

我想乘著風回到天上，但只怕天上的瓊瑤仙境太高，不勝其寒。若是這樣的話，那這一刻我在月下與影子共舞，與在天上又有什麼分別呢？我欲乘風歸去，唯恐瓊樓玉宇，高處不勝寒；起舞弄清影，何似在人間。
〈水調歌頭〉

蘇軾表達出只要心靈達到自由的境界，那麼是不是在仙界，又有何區別？

不管雨穿過竹林、打在竹葉的聲音，不妨一邊歌唱一邊欣賞。穿戴竹杖與芒鞋，比騎馬更加輕快，雨有什麼好怕的？我倒想穿著蓑衣，在煙雨中度過此生。莫聽穿林打葉聲，何妨吟嘯且徐行。竹杖芒鞋輕勝馬，誰怕？一蓑煙雨任平生。
〈定風波〉

蘇軾藉雨聲暗喻仕途的不順遂，表達出雖多次遭貶，但不妨順應人生造化的理念。

163

老莊影響神怪文學的興盛

老莊思想影響許多文學題材的盛行，如描述神仙奇幻的神怪文學、遊仙詩，表達玄學體悟的玄言詩，隱居風氣所帶動隱居文學、山水詩、田園詩等，文風多元，充滿隱逸、浪漫氣氛。

神仙志怪主題是最大的影響

老莊對文學題材最大的影響，主要在神怪文學上。中國自古即有《山海經》等奇幻浪漫文學的傳統，加上《莊子》應用大量神仙志怪故事來表達其寓意，以及道教對長生不老的追求，因而刺激這類神怪文學的產生。神怪文學既有對神仙幻境的描寫，也有描寫奇人異事者。魏晉南北朝時，志怪小說開始發揚，如干寶的《搜神記》等，此後發展不絕，唐代傳奇（短篇小說）亦以神怪為主，接著明代吳承恩的《西遊記》、清代蒲松齡的《聊齋誌異》皆屬此類。除小說外亦有詩，但主要在仙境的追求及營造上，如李白的〈夢遊天老吟留別〉。

此外，因老莊思想多扮演撫慰文人心靈的角色，所以文人抒發心志的作品中也可見老莊的影子，如陶淵明的〈歸園田居〉。此外，因中國自古以來推崇的隱居之風在魏晉南北朝時大為興盛，因而帶動相關的隱居文學興起，如左思的〈招隱詩〉等。

以魏晉南北朝最多樣

魏晉南北朝可說是受到老莊思想影響最深的一段時期，所衍生的題材種類也最多樣，如詩就有遊仙詩、玄言詩、山水詩、田園詩四類。遊仙詩受到道教追求長生不老及神仙方術的影響，而在詩中營造出奇幻仙境，歌詠逍遙自在的神仙，以及表達想追隨神仙、與神仙一同逍遙的心願，詩風清麗高遠，代表有郭璞等人。玄言詩則是當時流行思潮玄學大盛下的產物，將清談哲理寫進詩中，詩風虛無清淡，可說是清談在文學中最具體的呈現。而真正能發揮老莊精神的，是山水詩和田園詩。

山水詩顧名思義，就是在遊覽山水間體悟人生真諦、抒發心志，因此詩中除歌詠自然外，也有自遣之作，東晉詩人謝靈運可為其代表，其在政治失意之時選擇回歸山水，寫下〈登池上樓〉等名詩。田園詩則是回歸現實生活，在田園農作、平凡困苦生活之間淬煉出高潔的人格，首開風氣為東晉詩人陶淵明，其在「不如歸去」之嘆中回鄉種田，寫下〈歸園田居〉、〈雜詩〉等詩，氣節高尚，影響日後唐代孟浩然、王維等。

●老莊思想影響下所產生的詩歌類型

遊仙詩

遊仙詩　郭璞

京華遊俠窟，山林隱遯棲。朱門何足榮，未若托蓬萊。
臨源挹清波，陵崗掇丹黃。靈溪可潛盤，安事登雲梯。
漆園有傲吏，萊氏有逸妻。進則保龍見，退為觸藩羝。
高蹈風塵外，長揖謝夷齊。

 描寫大自然是郭璞最嚮往的心靈居所，並表達出不重世俗榮華，只願效法隱士伯夷、叔齊神隱的心志。

玄言詩

詠懷詩　支遁

端坐鄰孤影，眇罔玄思劬。偃蹇收神轡，領略綜名書。
涉老哈雙玄，披莊玩太初。詠發清風集，觸思皆恬愉。
俯仰質文蔚，仰悲二匠祖。蕭蕭柱下回，寂寂蒙邑虛。
廓矣千載事，消液歸空無。無矣復何傷，萬殊歸一途。

 支遁是東晉人，因喜好佛道而遁入佛門。詩中表現出對佛道的愛好，以及對佛道精闢而簡要的理解。

山水詩

石門岩上宿　謝靈運

朝搴苑中蘭，畏彼霜下歇。暝還雲際宿，弄此石上月。
鳥鳴識夜棲，木落知風發。異音同致聽，殊響俱清越。
妙物莫為賞，芳醑誰與伐。美人竟不來，陽阿徒晞髮。

 描寫作者遨遊於已見寒意的秋季山水，並強調出夜景中的「寒」與「靜」，頗呼應其不如意的仕途。

田園詩

歸園田居　陶淵明

少無適俗韻，性本愛丘山。誤落塵網中，一去三十年。
羈鳥戀舊林，池魚思故淵。開荒南野際，守拙歸園田。
方宅十餘畝，草屋八九間；榆柳蔭後簷，桃李羅堂前。
曖曖遠人村，依依墟裡煙；狗吠深巷中，雞鳴桑樹顛。
戶庭無塵雜，虛室有餘閒，久在樊籠裡，復得返自然。

 將田園生活融入詩中，表達在田耕中發現自適與快意的人生態度，詩的意境極高。

看淡名利，解消對功名的追求

老莊對中國古典文學的影響甚深，包括《莊子》刺激寓言文學的成熟，以及超脫世俗之見的有識之士在小說、戲劇中鼓勵人們打破世俗標準的枷鎖，回歸最初的純真本性。

《莊子》對後代寓言文學的影響極大

寓言文學是中國文學的一大特色，文人往往假借虛構的情節，來寄託不便直述的真言，或是加強欲說之理的力道。《老子》的寓言性質雖然不強，但其言簡意賅的性質卻引發後人無限想像，延伸出寓言這種形式的文體——《莊子》、《列子》可說是中國寓言的經典之作。其中尤以時而神仙時而鬼怪的《莊子》對後世的影響最大，除直接影響同為道家的《文子》外，也間接影響《呂氏春秋》、《韓非子》、《淮南子》等書。

《列子》的影響力雖不及《莊子》，但亦留下數則膾炙人口的寓言，如勉勵人們順應自然，不要為不可能發生的事情煩惱的「杞人憂天」等。

小說可能源自於《莊子》？

比起詩、文，小說在表現形態或是表現手法上均較為自由，既不受音律、字數限制；又可在文中營造出不符合現實的情節，擺脫現實社會的羈絆，這些均與老莊鼓勵打破既有框架的主張非常相似，而受到老莊思想影響的文學家也喜用小說來闡揚老莊思想，甚至有學者認為中國古典小說的產生，部分由來自《莊子》，因為小說與《莊子》都是文字較長，有對白、情節的文體。

中國許多著名小說並非一蹴可幾，而是從唐代傳奇（短篇小說）、宋代話本（說書人所根據的文本）開始，經過數個朝代、無數文人的千錘百鍊，方成一代佳作。而在發展過程中更與其他文體互通，如唐代傳奇〈枕中記〉被改編為明代戲曲《邯鄲記》，因此常有小說與戲劇情節相似、互為表裡的情形，因此可以說小說是「可以讀的戲曲」，戲曲是「可以聽的小說」。

打破傳統標準，追求心中所愛

受到老莊思想影響的小說與戲劇，大略可分為以下題材。首先是鼓勵人們解消對相對價值標準的執著，而影響古代中國社會最深的價值標準就是科

●寓言故事如何受老莊影響

莊子‧心齋

延續老子「致虛守靜」的修養工夫，主張摒除外在物慾，將心清出一個空間。

列子‧華子健忘

- 華子中年時非常健忘，常常早上的事傍晚就忘記。

- 有一個儒生治好他的病，他反而氣得說他健忘時沒有什麼會留存於心，但不健忘時，世俗的紛擾就開始進入他的心裡。

> 達到「靜」的狀態。

老子‧小國寡民

理想政治形態是統治者以簡樸治國，國君、人民都沒有私慾，人民安居樂業，不需賣弄小聰明。

列子‧華胥之夢

- 有一天黃帝夢見自己到華胥之國遊玩。

- 這個國家沒有國君，人民沒有物質慾望，也沒有生死、親疏等分別，因此沒有畏懼，沒有什麼可以干擾他們內心的平靜。

> 均沒有分別、解消慾望。

老子‧柔弱勝剛強

要如同水一般柔弱，卻也可以發揮驚人的力量。

淮南子‧襄子忍辱

- 趙簡子傳位給地位低賤（庶子）的襄子，因為他能為國家忍辱。

- 有次知伯借酒意打襄子，襄子手下想殺知伯，卻被襄子阻止。

- 十個月後，知伯反叛被襄子打敗，這時襄子才以他的頭為飲器復仇。

> 忍一時之氣才能成功。

莊子‧無用之用

天底下沒有絕對無用之人，也沒有絕對無用之物。

淮南子‧善乎之客

- 公孫龍有一個弟子，擁有其他人所沒有的大音量。

- 有一次公孫龍要遊說燕王，雙方的船相隔兩岸，此時這位弟子便發揮他大音量的功用。

> 皆用寓言說理。

舉入仕。傳統積極入仕的思維，刺激文人以考中科舉為人生最大要事，也因此將科舉原本為國家公正取士的良好用意，扭轉為個人當官發財的路徑，文人汲汲營營於考取科舉，甚至走火入魔也在所不惜，部分有識之士便在小說中諷刺這種現象。如吳敬梓在《儒林外史》中生動刻畫出周進與范進這兩個多年不第的「老童生」，在中舉後一連串心智迷亂的醜態。

此外，在傳統禮教的約束下，女性沒有戀愛、行動的自由，有識之士便在小說中鼓勵女性追求自由戀愛，因此小說中時常出現名門千金反抗教條、追求婚姻自主的故事，如元代王實甫的《西廂記》，描寫勇於抵抗母親阻饒的崔鶯鶯，並一改原本唐代元稹《鶯鶯傳》中最終被情人拋棄、只能無奈接受的結局，一轉而為堅持到底，最終如願得到自己的愛情。

解消執著、看破世俗

在陳述執守相對價值標準所帶來的危害之餘，部分作品更在情節中進一步說明為何要解消執著的理由，如唐代傳奇中的〈枕中記〉和〈南柯太守傳〉。兩篇各自描寫主人公在現實社會中致力於追求名利權勢，因而在夢中經歷從位高權重到一夕之間所有名利化為烏有的過程，之後醒來方知富貴榮華皆不過是短暫而虛幻的一場夢，沒有必要去執著並追求這些外在名利，反之要解開對世間名利的執著，生命方得自在。明代著名傳奇作家湯顯祖根據情節，將之改寫為《邯鄲記》與《南柯記》。

除了名利權勢外，部分文人也試圖讓人們鬆開對「情」的執著，如清代曹雪芹的《紅樓夢》，敘述以賈寶玉為首的榮、寧二府眾人，癡守人世間的情情愛愛，卻反為情所苦，甚至葬送性命，最終賈寶玉在看破紅塵後以出家告終。

呼籲人們回歸良善本性

解除對相對價值標準的執著，以及看淡世事的終極目標，就是要回歸純真善良的本性，這點呼應老子的「復歸於嬰兒」，以及莊子的「成心」主張。如宋代話本〈快嘴李翠蓮〉及清代蒲松齡《聊齋誌異》的〈嬰寧〉，描寫故事中的女主角原本未受到人為造作的影響，純樸自然，但在經過世俗標準的檢視後，最終一個選擇自請出家，另一個本性從此遭受摧折，這兩則故事皆在表達世人一心所追求的價值標準未必是好的，真正最珍貴、最值得人們所追求的，反而是人們原有的樸實天真。

●受老莊思想影響的小說舉例

打破世間標準

周進中舉

周進久試不第，有一天受到刺激，又哭又鬧，旁人只好資助他去考試，結果考上，嘲笑他的人反過來忙著巴結他。

范進中舉

范進久試不第，被長期資助的岳父看不起。沒想到老來竟然中舉，一時狂喜，又瘋又昏，直到岳父打醒才恢復正常。

太過執著於世俗標準，反會導致惡果。

看淡世事

南柯太守傳

武將淳于棼仕途不順，有次喝醉酒後，來到槐安國，受國王賞識。後槐安國有難，國王要他回鄉避禍。這才發現槐安國是螞蟻窩。

枕中記

年輕書生在酒店裡感嘆自己無法入仕，在獲得仙人所贈的枕頭後，夢見官運起伏，感嘆還是種田比較安定。醒來發現睡前店主人所煮的小米還沒熟。

人生無常，功名利祿不過是過眼雲煙。

回歸最初本心

嬰寧

年輕人王子服欲娶人狐所生的嬰寧，而將她帶回府。嬰寧因愛笑受到大家喜愛，卻惹來鄰人誤認挑逗，嬰寧略施薄懲，卻惹來婆婆不快，從此不再笑。

快嘴李翠蓮

李翠蓮素來心直口快，先是在出嫁前惹得父母不快，婚後又因此離婚，最後在兄嫂的譏諷下決意出家。李翠蓮感嘆自己並非沒有婦德，而是坦言不見容於世。

不假外求的純真本性才是人最珍貴的東西。

突破生死的戀情最教人銷魂

老莊思想對中國戲劇的影響，主要在舞台表演上，以及在主題上出現反抗禮教傳統、描述人生無常、追求自由戀愛、突破生死界線等故事，目的在解消傳統儒家對中國社會教條化的限制。

舞台表演重寫意不重寫實

中國戲劇發展較晚，自宋代才開始有較為完整的戲劇，到元、明時因漢人入仕不易視其為抒發途徑，以及民間經濟繁榮帶動娛樂發展，才開始大盛。在戲劇呈現上，受到老莊「虛、無」思想的影響，以寫意與虛擬為主。虛、無本來指的是人在內心所做的修養工夫，但發展到後來變成藝術中的一種「留白」之美，留下餘韻，以供觀賞者回味，表現在戲劇上，就是象徵性的舞台與演員肢體動作。中國戲劇舞台的最大特色，在於不是將實景搬上舞台，而是讓演員在簡單的道具布景中，靠肢體動作來表達情節，如演員要開門走出去時，即是雙手騰空做出「打開」、「關上」的動作；而要表現騎馬時，便由演員拿一隻馬鞭不停搖晃。這類表現手法目的在於讓觀眾不被畫面所擾，能夠在腦海中構築精彩的情節發展，這就是老莊虛、無精神在外在戲劇形式上的表現。

生死不是牢不可破的界線

老莊思想對戲曲題材的影響，大致與小說相似，皆在突破世俗標準的箝制，如科舉、名利、媒妁婚姻等，但戲劇有一個主題發展比小說更為出色，即是「突破生與死之間的限制」。雖然現實生活中人們不可能在生死之間穿梭來去，但戲劇中卻可以，戲劇可以安排鬼魂與人們接觸、對話，並打破人間的限制，完成伸冤、私奔等生時做不到的事，相較之下比生時更為自由，符合莊子「生與死不過是空間的轉換，死亡如同歸鄉」的主張。這類題材的戲劇可以明代著名戲劇家湯顯祖的作品《牡丹亭》為代表。《牡丹亭》描寫千金小姐杜麗娘在春日遊園後勾起思春情懷，卻為愛所苦而香消玉殞，死後魂魄重返陽間，與夢中情人柳夢梅相戀，最後經過重重磨難，包括排除儒家禮教勢力（杜麗娘之父）的阻撓，終於結為夫妻。《牡丹亭》亦強調不受傳統價值標準束縛、勇於打破既定規則的理念，但最令人動容的是，為了追求理想的愛情，可以用性命相搏，「生可以死，死可以生」，將莊子的的死生一體做了很好的演繹。

●受老莊思想影響的中國戲劇

布景單調而簡單，大多只有一張桌子與兩隻椅子，靠演員的表演來變化出不同情境。

演員拿槳則代表坐船。

甩水袖用來表現起伏較大的情緒，如悲傷、生氣等。

演員拿一隻馬鞭搖晃代表騎馬，稱為「趟馬」。

隨著劇目不同，馬鞭也可替換為牛、皮鞭。

舞台、道具全都是虛擬，全靠演員的動作來代表現實，觀眾則用想像來欣賞戲。

老子思想的歧路——黃老思想

老莊思想到戰國時代逐漸分化，產生莊子學派與黃老學說，莊子延續老子學說的思想核心，但黃老學說吸收各家學說，在思想上與老子思想出現很大的差距。

戰國時期形成黃老思想

戰國時代，老子思想主要往兩個方向發展，一個是從直接向老子問學的關尹開始，到曾向關尹問道的列子，最後到將老子思想發揚光大的莊子，先後承接老子思想，可說是最能契合老子原意者。另一個是從受過老子思想影響、後來發展出以「為我」為中心思想的楊朱延伸，揉合各家學說後所形成的黃老思想。

「黃老」指的是黃帝和老子，源自於齊國在稷門（城西門）設有一處名為「稷下學宮」的學堂，招募來自魯國等地的儒、道、法等各家思想家在此論學所形成，因此黃老學說又稱為「稷下道家」，由此可知，黃老思想融合各家學說，其思想核心已與原始的老子思想有很大的差距。

黃老學說曾一度在政治上扮演要角

黃老學說曾短暫流行於政治舞台上，漢初因秦末戰亂，各地抗秦勢力蜂起，造成百姓疲累不堪，漢初皇帝選擇與民休息，採取黃老治世，因此黃老思想曾雄踞漢初政治長達數十年的時間。最後因漢武帝時北方游牧民族屢次侵犯邊界，逼使朝廷以武力討伐，武帝無法再以無為的黃老思想治國，必須採用儒家有為的治術來治理國家，而接受景帝時即為博士（在太學授課，並為皇帝提供政事諮詢）的董仲舒所提議的「罷黜百家、獨尊儒術」，至此黃老思想在政治上的主導地位才告終止。

黃老學說與老莊思想有同也有異

黃老思想既源自於老子學說，在本質上仍與老子學說相同，將「道」視為天地萬物得以實現的基礎，在老子「虛靜無為」的基礎下吸收融合各家優點。但兩者最大的不同點，在於老子思想雖然也探討政治問題，但最主要的終極目標，還是在探討如何將「道」運用在人生各個層面上，使人人能得到心靈的自由。而黃老思想為政治而生，因應當時的社會環境、政治需要，揉合儒、道、墨、法家等各家學說而成，因此其主要的服務對象，是在政治上，為君主服務。

● 老莊道家與黃老道家的比較

	老莊道家	黃老道家
名稱由來	始自兩位代表人物：老子與莊子，老子是道家學說的創始者，莊子則將老子學說發揚光大。老莊道家是道家學說的正統。	●「黃」指黃帝，「老」指老子，皆是後人轉化或假託。 ● 吸收並轉化老子學說而產生，已與原始的老子思想有所差異。
代表人物	● 老子：道家始祖，退隱前所著的《老子》為道家經典。 ● 莊子：道家代表，將老子思想發揚光大，善以寓言說理。	● 慎到：早年師道家，曾在齊國稷下講學，後為法家代表之一。 ● 曹參：漢初丞相，遵從前任丞相蕭何的政策，無為而治，稱「蕭規曹隨」。 ● 劉安：漢朝皇室，封淮南王，召集門下賓客撰寫《淮南子》。
思想特質	● 以「道」為核心，「道」是一切萬物得以實現的基礎。 ● 在人生、政治等各方面也應效法「道」的無為、自然，解消心知相對價值標準的執定。 ● 批判已被標準化、規範化的聖智仁義，以恢復聖智仁義真正的價值意涵。	● 以「虛靜無為」為基礎，吸收儒、道、墨、法、陰陽各家的學說。 ● 在老子具開放性的「道」的前提下，黃老道家得以吸收各家所長，讓不同觀點在此並存，使其解決現實的政治問題。
終極關懷	● 追求人精神生命的自由自在，回歸無限的「大道」。 ● 如何在複雜的人間世中，存全、保全自己的生命。	以現實政治問題為著眼點。

對宗教的影響

老莊影響力廣及道教與佛教

老莊影響中國勢力最大的二個宗教。除中國傳統的道教與老莊結下不解之緣外，自境外傳入的佛教也因思想相近，在用老莊思想解釋教義後，在中國呈現出與原來不同的面貌。

道教以老莊思想做為其理論依據

　　道教是中國土生土長的宗教信仰，其起源可追溯自中國古代的鬼神信仰與神仙方術。殷周時代的人對宗教相當虔誠，認為人世間有鬼神存在，巫、覡在當時的地位亦相當崇高，其所主持的巫術為後來的道士所繼承，可視為道教信仰的起源。此外，戰國以來神仙方術興起，除繼承殷周的巫術，方士與道士又因老莊撲朔迷離的生平、思想核心「道」的廣大精深，以及依託哲理的神仙寓言之神秘莫測，具有許多詮釋揣測空間，而尊老子為道教教祖，並引用《老子》中的義理及《莊子》的神仙寓言故事做為其信仰根據。

　　但實際上道家與道教仍有不同之處，如對死亡的看法，老莊認為生死是人生的自然現象，只需順應即可；但道教卻以內修煉丹等方式追求長生不死。事實證明，以金屬、水銀所煉製成的丹藥不僅不能讓人達成長生不老的夢想，反而加速人的死亡，例如古代帝王皆想要長生不死，命道士煉丹，服食之後反而短命。

魏晉時期以老莊哲學解釋佛教教義，產生格義佛教

　　老莊思想對於佛教能普及於中國，亦發揮了決定性的影響。佛教不是中國本土的宗教，而是在東漢明帝時從印度引進來的宗教，初期因有語言上的隔閡與文化背景的差異，導致不容易被人們了解並接受。到了魏晉時期，因老莊思想盛行，便用一般人所熟知的老莊概念來解釋佛教詞語，以期讓大眾更快瞭解與接受，這種詮釋方法稱為「格義」，如用老莊的「無」來解釋佛教的「空」。佛教所說的「空」，是「緣起性空」，也就是一切萬物皆由各種條件聚合而生，比方一張桌子的形成，是由木頭、工匠等等條件聚合而成；而老莊的「無」是萬事萬物得以存在的基礎，如一棟房子之所以能發揮使人居住的功用，是因為中間是空的。藉由這樣的方式，佛教從魏晉南北朝開始在中國大為興盛，因此佛教在中國的初期扎根，可說是與老莊思想有關。

●老莊思想對道教、佛教的影響

老莊思想

佛教

道教

無	神仙崇拜	長生久視
老莊的「無」是指讓萬物順著自己的本性生長，人為不去干擾的無為狀態，是天地萬物得以存在的原因、基礎。	莊子寓言中有不少形體轉化、神怪等超乎現實的情節，如七竅不通的渾沌、肌膚若冰雪的仙人等，為神仙之說提供材料。	《老子》中有「長生久視」一詞，指國君要如何統治臣民，才能使國家行之久遠。此外莊子寓言中亦有如彭祖活了八百歲的情節。

- 佛教借用老莊的「無」來解釋中國人陌生的「空」。
- 「空」是指一切法（萬事萬物）皆由各種「因緣」聚合而成，如杯子的形成，是因為木頭、工匠等等條件的聚合。

- 中國自古以來即有神仙傳說，如盤古開地、女媧造人等。
- 道教將莊子表達義理的寓言轉化為其神仙崇拜的具體根據，以增加神仙信仰的可信度。

- 道教將老子「長生久視」的意義轉化為肉體上的長生，莊子寓言又賦予其實現的可能性。
- 道教發展出很多方式來達到長生不老的目的，如打坐、修煉並服食丹藥。他們相信這麼做不但能延年益壽，甚或可以成仙。

| 佛教逐漸脫離外來宗教的形象，開始在中國落地生根。 | 神仙崇拜成為中國傳統宗教一大主流，相關的膜拜、通靈、占卜等習俗流傳至今。 | 長生不老、羽化成仙成為一部分中國人的心靈寄託，甚至是可追求的理想。 |

都已經經過轉化包裝，並非老莊思想原貌。

老子思想

王邦雄　　《老子的哲學》（台北：東大圖書，2004年8月）

王邦雄　　《老子道德經的現代解讀》（台北：遠流，2010年2月）

王邦雄　　《老子的哲學》（台北：東大圖書，2006年3月）

王邦雄　　《老子道：老子三書之壹——人生智慧經典01》
（台北：漢藝色研，2005年9月）

王邦雄　　《生死道：老子三書之貳——人生智慧經典02》
（台北：漢藝色研，2005年9月）

王邦雄　　《人間道：老子三書之參——人生智慧經典03》
（台北：漢藝色研，2005年9月）

曾昭旭　　《老子的生命智慧》（台北：九歌出版社有限公司，
2002年9月）

傅佩榮　　《原來老子這樣說》（台北：九歌出版社，2010年12月）

吳怡　　　《新譯老子解義》，（台北：三民書局，2002年6月）

樓宇烈　　《王弼集校釋‧老子指略》（台北：華正書局，
1992年12月）。

袁保新　　《老子哲學之詮釋與重建》（台北市：文津出版社，
1997年12月）

中國哲學思想

王邦雄等著　《中國哲學史》（台北：里仁書局，2006年9月）

牟宗三　　　《中國哲學十九講》（台北：台灣學生書局，1999年9月）

牟宗三　　　《才性與玄理》（台北：台灣學生書局，2002年8月）

熊鐵基等著　《中國老學史》（福州：福建人民出版社，2005年2月）

黃釗主編　　《道家思想史綱》（湖南：湖南師範大學出版社，1991年7月）

莊子思想

王邦雄　　《莊子內七篇・外秋水・雜天下的現代解讀》
（台北：遠流，2013年5月）

王邦雄　　《莊子道》（台北：里仁書局，2010年4月）

王邦雄　　《走在莊子逍遙的路上》（台北：臺灣商務印書館股份有限
公司，2004年12月）

陳鼓應　　《莊子今注今譯(上中下)》（北京：中華書局，2011年1月）

郭慶藩　　《莊子集釋》（台北：天工出版社，1989年）

邱黃海　　〈「道」的旅遊指南——《莊子・秋水》「河伯與海若的對
話」之解析〉，《玄奘學報：人文專刊》第四期，2001年10月

高柏園　　《莊子內七篇思想研究》（台北文津出版社，1992年）

許汝紘暨編輯群著　《Oh My God，這是莊子》（台北：佳赫行銷文化有
限公司出版，2010年3月）

其他

馬積高、黃鈞主編　《中國古代文學史1-4冊》（台北：萬卷樓圖書股份有
限公司，2003年）

朱良志　　　　　《中國美學十五講》（北京：北京大學出版社，2006年）

老莊思想

相關人物

《莊子》各篇

老子名言

莊子名言

國家圖書館出版品預行編目資料

圖解老莊思想 / 曾珮琦著. -- 修訂一版. -- 臺北市：易博士文化，
　城邦文化出版：家庭傳媒城邦分公司發行, 2020.11
　面；　公分. -- (Knowledge base 系列)
　ISBN 978-986-480-131-2(平裝)
　1.老莊哲學
121.3　　　　　　　　　　　　　　　　　　　109017439

Knowledge base 102

圖解老莊思想【更新版】

作　　　　者／曾珮琦
企　畫　提　案／蕭麗媛
編　　　　輯／楊麗燕、林荃瑋
企　畫　監　製／蕭麗媛

業　務　經　理／羅越華
總　　編　　輯／蕭麗媛
視　覺　總　監／陳栩椿
發　　行　　人／何飛鵬
出　　　　版／易博士文化
　　　　　　　城邦文化事業股份有限公司
　　　　　　　台北市中山區民生東路二段141號8樓
　　　　　　　電話：(02) 2500-7008　　傳真：(02) 2502-7676
　　　　　　　E-mail：ct_easybooks@hmg.com.tw
發　　　　行／英屬蓋曼群島商家庭傳媒股份有限公司城邦分公司
　　　　　　　台北市中山區民生東路二段141號11樓
　　　　　　　書虫客服服務專線：(02) 2500-7718 、2500-7719
　　　　　　　服務時間：週一至週五上午09:30-12:00 ；下午13:30-17:00
　　　　　　　24小時傳真服務：(02) 2500-1990 、2500-1991
　　　　　　　讀者服務信箱：service@readingclub.com.tw
　　　　　　　劃撥帳號：19863813
　　　　　　　戶名：書虫股份有限公司
香 港 發 行 所／城邦（香港）出版集團有限公司
　　　　　　　香港灣仔駱克道193號東超商業中心1樓
　　　　　　　電話：(852) 2508-6231 傳真：(852) 2578-9337
　　　　　　　E-mail：hkcite@biznetvigator.com
馬 新 發 行 所／城邦（馬新）出版集團【Cite (M) Sdn. Bhd. (458372U)】
　　　　　　　11, Jalan 30D/146, Desa Tasik, Sungai Besi,
　　　　　　　57000 Kuala Lumpur, Malaysia
　　　　　　　電話：(603) 9056-3833 傳真：(603) 9056-2833
封　面　構　成／簡至成
美　術　編　輯／簡至成
內　頁　插　畫／高世傑
製　版　印　刷／卡樂彩色製版印刷有限公司

■2013年11月07日初版
■2020年11月17日修訂一版

ISBN 978-986-480-131-2
定價320元　HK$ 107
Printed in Taiwan

城邦讀書花園
www.cite.com.tw